卡洛斯·戈恩谈经营

全球化领导能力讲座

主编：公益财团法人　日产财团
编者：太田正孝　池上重辅
译者：大东

中国出版集团　東方出版中心

图书在版编目（CIP）数据

卡洛斯 · 戈恩谈经营：全球化领导能力讲座 / 公益财团法人日产财团, (日) 太田正孝, (日) 池上重辅编写; 大东译. —上海：东方出版中心, 2019.12

ISBN 978-7-5473-1568-2

Ⅰ. ①卡… Ⅱ. ①公… ②太… ③池… ④大… Ⅲ. ①企业经营管理 Ⅳ. ①F272.3

中国版本图书馆CIP数据核字（2019）第248720号

上海市版权局著作权合同登记：图字09-2019-1018号

卡洛斯 · 戈恩谈经营

主　　编　公益财团法人　日产财团
编　　者　（日）太田正孝　（日）池上重辅
译　　者　大　东
责任编辑　李　琳
封面设计　今亮后声 HOPESOUND pankouyugu@163.com 田松

出版发行　东方出版中心
地　　址　上海市仙霞路345号
邮政编码　200336
电　　话　021- 62417400
印 刷 者　山东鸿君杰文化发展有限公司

开　　本　890mm×1240mm　1/32
印　　张　7.75
字　　数　147千字
版　　次　2019年12月第1版
印　　次　2019年12月第1次印刷
定　　价　39.00元

引言

| 太田正孝、池上重辅

本书的写作意图及定位

从所有的社会活动都源于同他人的合作或竞争的观点来看，只要不是独居荒岛，那么领导能力便是与所有人相关的稀松平常的问题。另外，伴随着商业活动的全球化日渐盛行，领导能力变得不只局限于普通的国内日常事务，而且成为了直接关系到全球高度的战略性问题。的确，这种打破传统、另立门户的新思想，引起了人们对全球化领导者这一话题的关注。但是，能将全球化领导者的能力运用于实践，却绝非易事。俗话说，“实际工作最怕光说不练（Knowing Doing Gap）”，指的就是认知与实践的能力差距。尤其是有关领导者以及全球化领导者的理论在当下多如牛毛，导致人们一旦实践起来反而无从下手。不过，值得庆幸的是，我们可以通过实际的领导者（如：卡洛斯·戈恩）事例来具体地学习领导能力。能将领导能力中理论和实践有机地结合起来，就是拥有了一套相对独立的领导能力体系。其实像松下幸之助、杰克·韦尔奇以及其他任何成功的领导者，都拥有着属于自己的一套领导理念。

本书的构架以日产汽车以及戈恩CEO的实践事例为纵向轴线，宾夕法尼亚大学（沃顿商学院）、IMD、早稻田大学的学术研究为横向轴线的GLOBAL RESILIENT LEADERSHIP PROGRAM（简称GRLP，译作“逆风之下的变革领导能力培养讲座”）——干部培养计划作为依据依次展开。与此计划一致的是，本书也是借由卡洛斯·戈恩先生这位全球化领导者，在实践中创造的不平凡的事例，按照略偏重学术性的脉络，桥梁般地嫁接理论和实践的知识，从而更好地帮助读者们从事“领导能力的实践”。并通过对照领导能力相关的理论和戈恩自身的领导能力体系的区别，逐步形成自己的领导能力体系。当然，戈恩先生的言论并非在任何场合下都适用。因为谁都无法在任何情况下，试图用领导能力论的观点，给出无懈可击的解决方案，所以非常有必要构筑一套属于自己的领导能力体系。

GRLP的计划时长5天。而池上先生以及其他参与者对戈恩的集体提问只持续了不到半天的时间。在本书中，这部分的重点提问和回答已经被整理出来。同时，在整理戈恩现场所举出的事例时，又借机补充了相关的其他理论解释，所以，领导能力理论本身并不是包罗万象的。本书为了使大家能够建立起自己的领导能力体系，尽可能地概括了问答的核心部分。

领导者与领导能力

在详细说明全球化领导者的问题之前，关于领导者和领导能力这一方面，我们先尝试着整理一下。因为无论是领导者还是领导能力，都有各种各样的定义或理论。本书使用权宜之计，只介绍了部分具有代表性的定义或者理论，希望读者们能够借此建立起一套相对独立的定义体系。

所谓领导者，用稍微生硬一些的定义解释的话，就是“掌握并指挥集体经营（collective enterprise）的核心，并且能在此基础上给人们带来幸福的人”（片冈，2003）。集体经营就是“组织”的意思，它形成于一定数量的人，通过动员彼此的力量，相互协作达成某项共同的目标，最终解决共同的课题。组织的单位，有玩伴、家庭、学校、企业、俱乐部、国家等，其中多数情况存在着领导者。正因为有了拥护的人，所以才产生了领导者。因此，有必要从领导者的言行和与之相对的拥护者的关系中，理解领导能力。即使像戈恩先生这么杰出的领导者，也没法只身一人在组织中发挥出领导能力。

在一个组织当中，可能会遇到水平参差不齐的领导者。比如企业的部门、项目等都会有领导。像 CEO 这样管理全体组织的高层领导，通常只有一人。理查德·尼克松曾把“敢于在宏大蓝图下挑战伟大而艰巨的任务，并能建立丰功伟业、改变历史的人”称为“大领导”。最近总有人置疑无领导、领导管理危机等问题，这可能主要分为组织内部部分下级单位的领导问题，以及没有担任大领导一职的高层领导两个方面。

领导论，已经在相应学术性的专业划分中取得不同的发展成果，大体可分为政治领导、军事领导、商业领导、社会性领导、运动领导等领域。对于如何处理集团的问题，这些领导论的分支中存在许多共通点。然而我们也必须意识到，每个组织都存在着不同的对象以及情况。本书针对商业领导，对组织中应对不同局面的领导者，以及成为高层领导的必要条件两个方面进行描述。

什么是领导能力？

领导能力的定义多种多样。于克勒认为领导能力因人而异，并在此基础上，将领导能力定义为人们公认的基准，即：“为了引领并促进集团或者组织中各种活动或者关系，对人有意识地发挥影响力的过程”。不过，这样的定义多少有些晦涩难懂。

所谓领导能力，可以当成是存在于领导者和拥护者之间，强烈的双向影响力。领导者，就是给拥护者施加影响力的人；而领导能力，是基于领导者和拥护者之间的相互作用而产生的社会现象。这既可以说，只存在于领导者自身，也可以说，存在于领导者的言行举止如何影响拥护者的过程中。人一旦处于支配者的位置，是能够通过行使领导能力的效果进而产生质变的，但支配者的地位本身并不意味着自己即刻就已获得领导能力。

其实，很难在日语中找到领导能力对应的表达。《广辞苑》[①] 中所谓领导能力的解释是：“从事指导者的地位以及任务。指导权。作为指导者的资质、能力、力量。统率力。”最起码将领导能力解释为“指导权”和“统率力”这两个词汇。也就是说，领导能力就是“让他人做事情的本事”，而不是说自己去从事那件事本身。这几乎可以说是所有领导者心照不宣的一项基本原则。但是，领导能力中又同时有各种各样的类型，不排除有通过自己率先示范，进而动员别人工作的领导存在其中。

顶层领导和组织中的领导能力

如上所述，领导者的层次也自有高低之分。比如站在公司全体角度描绘未来蓝图（经营战略）的经营领袖（大领导）的领导能力，和组织内多数必要的基层领导的领导能力的不同之处，或多或少地会在必要条件和行动中体现出来。戈恩先生因为居于大公司经营领袖的位置，所以虽然自己深知这种领导能力与大众理解的层面很不相同，但难免会让人觉得与自己实际经验距离太远而没有参考价值。不过，戈恩先生的言行举止不只体现了大量的顶层领导能力

① 《广辞苑》，日本最有名的日文辞典之一，由岩波书店发行。——编者注

的必要条件，同时也包含了作为组织中各层次的基层领导的重要因素。所以，这些为了构筑起适合自己的领导能力体系，无论对于励志成为大领导的人，还是在当前的位置谋求有效领导能力的人，都具有学习的意义。

领导能力与管理

与提示新动向，促成并接纳新动向的领导能力不同，管理主要是指构筑相应的配套体制，“统筹或调整”公司繁杂事务的活动。彼得 · 德鲁克曾将运营公司的全部经营活动视为管理，在讨论时连同领导能力在内加以广泛地定义。本书在第 6 页涉及戈恩谈论的管理问题，大体与彼得 · 德鲁克的定义相近。其实，像这样因人或组织而定义各不相同的情况还有不少，所以大家务必在阅读时留意自己和其他人的定义各是什么。

无论是领导能力还是狭义的管理（统筹或调整），都是企业运营中不可缺少的部分。那么，是否能因此断定，只要领导和管理部门各司其职即可呢？事实可能并非如此。第四章中戈恩的讲话涉及中间管理层的领导能力。而管理者的主要职责，通常被理解为用既定的方向和手段实施管理或调整的手段。然而，在必要的时候，不仅管理者需要发挥领导能力，而且领导者也有适当行使管理或调整（狭义上的管理）职权的必要。

比如，一般人会觉得戈恩（领导），会把工作重心转向把握并促进公司的基本发展走向上，但其实有的时候，戈恩也必须行驶贴近一线生产的管理职权。据说，戈恩在刚来日本制定并执行“日产复苏计划”之际，或者在蒙受东日本大地震等巨大损失的时候，也曾参与过详细的管理计划的制定。值得关注的是，根据 GLOBE（Global Leadership and Organizational Behavior Effectiveness，全球领导力和企业行为效力研究）对于 24 个国家，超过 1 000 人的 CEO 的调查（豪斯等人，2013）显示，跨越文化藩篱最行之有效的领导能力行动中，未来前景、业绩抱负、管理能力占据了前三位。

或许部分人会觉得“领导和管理是似是而非的两个概念”，但不管怎么说，至少从全球化的领导能力来看，无论是领导还是管理都兼顾领导能力和管理能力。这种观点和明茨伯格的领导能力理论不谋而合。总之，认为领导和管理在分配的领域以及职能发挥的时间点上各不相同的想法，应该更具客观性。

领导能力的分类

目前，对行之有效的领导手段的研究层出不穷。本书因为不是学术性的书籍，所以对此没有详细列举。不过，到 20 世纪 40 年代为止，如同资质跟进（traits approach：优秀的领导应当具备怎样的特质）以及行动跟进（behavioral approach：成为优秀领导需要采取怎样的行动）等，对于成为伟大的领导或因此取得成功的资质研究却在如火如荼地进行着。不过，最终并没有阐明特质和当好领导之间的关系。反过来说，也可以认为任何人都能成为领导。这就意味着，以天赋或潜力（Nature or Nurture）的眼光来看待领导能力的话，那么相比于依赖天赋（nature），领导能力更应该被看成是可开发的后天潜力（nurture）。

行之有效的领导能力随状况而改变

20世纪60年代中后期开始到70年代为止，追求最优解的领导能力风潮日渐式微，取而代之的是设身处地地更替领导能力的“条件匹配”理论（contingency approach of leadership）。

豪斯（1971）在“路径-目标理论”（Path-Goal Theory）便涉及领导能力的具体表现形式。而领导能力的本质体现，同时也是豪斯立论的基本前提，就是如何动员（路径）成员们得到结果（目标）。在此基础之上，将领导周遭的状况，分为业务的明确化、经营责任体制或团队组织等环境条件，以及成员自身的自立性、经验、能力的“部下个人特性”两个侧面，从领导能否在包含了部下的个人特性的环境因素中作出适当的判断，能够看出领导能力是否行之有效。并将领导的言行最终被部下接纳的情况，分为满足于当下或将来两个部分。另外，将领导的行动可以作为部下行事动机的那部分，分为部下自身追求因工作圆满完成而带来的满足感，和能够提供为更有效率的工作而实施的培养课程、指导、支援以及相应报酬两种情况。豪斯将领导能力分为指导型、支援型、参与型、达成志向型这四类，并认为每个人都能独属于其中的任意一类。四类领导能力的特征如下所述：

指导型领导能力： 具有极高的业务追求，向成员们明确传达自我的期待，并制定出具体的工作计划以及任务完成的方法。

支援型领导能力： 以相互信赖为基础，尊重成员们提出的意见，重视感情上点点滴滴的交流。

参与型领导能力： 在作出决定前先主动和成员们商量，并从中汲取营养，逐步完善方案。

达成志向型领导能力： 设定一个看似不可完成的目标，要求成员们尽全力实现。

如本书后面的描述，戈恩也运用了这样的分类方法。为日产能够再创辉煌而实施的日产复苏计划中，戈恩运用支援型领导能力，实地走访数以百计的各层次的人们；同时，发挥参与型领导能力，动员多部门合作团队（CFT）这种跨职能的组员构筑日产复苏计划；发表短期内实现企业赢利目标时，运用的是达成志向型领导能力；而使之能在公司内部不断渗透，则是活用了指导型领导能力。

与此同时，豪斯和布兰查德公司（1977）提出："基于状况发挥的领导能力理论（situational leadership，即 SL 理论），指出领导和部下的关系会随时间的推移而不断变化，所以需要适时调整领导能力。"考虑到领导能力和下属对技能的熟悉情况息息相关，于是将领导能力分为了以下四个阶段：① 部下技能熟悉度不够的情况下，需要教导示范型的领导能力（具体指示，并事无巨细地实时监督）；

②部下的技能逐步提高的情况下，需要适当地加以说教型领导能力（解释思路，答疑解惑）；③部下的技能进一步提高的情况下，则使用参与型领导能力（引导部下整合思路独立判断）；④在部下的技能提高至完全能够独当一面的时候，采取授权型领导能力，将工作任务全权交给部下独立完成。以上四种情况的共同之处在于，行之有效的领导能力需要和环境的可变和不可变因素紧密结合。

戈恩先生曾多次指出："对于领导来说，重要的是需要源源不断地给出结果。"因此本书虽然记述了形形色色的领导能力，但在实际运用中不要忘记根据实际情况调整领导能力的类型。虽然领导有时会把成功的前提说成是"运气好""碰巧、巧合"，但这些人同时会把失败的原因归结为"运气不佳""时运不济"。人能否抓住运气，关键在于到底是集中精力搜罗时机或运气，还是用心经营运气之外的各种因素。其实，乍看之下类似运气或者不可控的因素，大半在仔细观察之后发现还是有迹可循的，并能牢牢地被自己控制。戈恩的一些看似大胆的意志决定的背后，不仅有对最新动态的事前分析以及考察，并且也有多种多样的领导能力为实际执行力保驾护航。

丹尼尔 · 戈尔曼指出的领导能力类型，在日本广为流传。他将"心的智能指数 EQ（Emotional Intelligence Quotient）"资质和领导能力好坏因状况而定的考量统合为一体，并把领导能力分为强制型、权威型、亲和型、民主型、基础设定型、教习型这六类，强调务必分清其中的区别。从本书核心的全球化领导能力的观点来看，前面描述的GLOBE也将全球化领导能力分为六类。戈尔曼指出的六种类型和GLOBE指出的六种类型中虽各有异同，但至少在领导能力需协调不同状况的方面是完全相同的。

虽然我们无法得知戈恩是否深刻地意识到领导能力能够如此分类，但是从他到目前为止划分的领导能力类型来看，在危机时刻为制定日产复苏计划，虽然顶着巨大的压力，但作为一个领跑人物，时常必须通过设定有意义的目标，使自己和组织内的成员在短期内增长工作效率；而在其他时候借助CFT，用亲自示范的方式发挥民主化的领导能力，和接近上千人规模的员工进行面对面的交流，促使他们为公司贡献力量等。日产复苏计划之后，在导入电动汽车（EV）时，他也利用了大量的机会发挥引领未来型的领导能力。用如此多样的领导能力的类型去适应不同的情况，这也许正是戈恩领导能力类型中独具特征的一面吧。

然而，虽说类型要划分明确，但在信息传递中保持一贯性也需要引起重视。实际上，戈恩在接受访问时，也强调了首尾一贯性（consistency）的重要意义。这与志贺俊之（日产汽车副董事长）在书的后半部分强调的“本质”和“大义”的重要性几乎一致。为了达成一贯的目的，分情况调整不同的领导能力。希望大家可以在戈恩的领导能力理论中，读出顺应不同的情况而作出调整的领导能力的那一面。

目　录

CHAPTER 5 中层管理的领导能力和后继培养

CHAPTER 6 卡洛斯· 戈恩改变了日产的什么

尊敬的各位读者：

诚挚地感谢这次“逆风之下的变革领导能力培养讲座”以及太田教授和池上准教授给我这个机会，通过若干个板块，将我所知晓的关于管理和领导能力的见解介绍给大家。也衷心地希望这本书中囊括的思维活动和经验教训能够为立志成为全球化领导者的人们带来帮助。

日产汽车股份公司董事长
最 高 经 营 责 任 人　卡洛斯·戈恩

CHAPTER 1

突破国境界限，凝视世界与未来

——什么是全球化领导者？

1 什么是全球化领导者？

对外，不断突破国境界限；对内，将市场扩大至全球

问：卡洛斯·戈恩先生，您总被人称作“全球化领导者”。那么您觉得，到底有没有作为“全球化领导者”的必备条件呢？

什么是“全球化领导者”？

我总是被人这么问到。其实，之所以这么问，我想，提问题的人应该更想知道，与全球化领导者相吻合的人们，应当具备怎样的条件。

就我自身拥有的全球化领导者的人物特征来看，有这样两个角度：一是从公司外部人员来看，二是从公司内部员工来看。这两个角度有非常不同的地方。

被公司外部的人看到的全球化领导者，说起来就是一个掌握多门外语，并曾在多国居住的人。这个必备条件就是，不仅从属于多个国家或社会，对多种语言驾轻就熟，并且，能够经营跨国公司，拥有全球化经验的人。

因此，对于一直居住在本国国内的日本人或者法国人来说，无论他自身多想表明“我就是一个全球化领导者”，人们都很难接受。打个比方，比如只会说日语、只是经营着本国事业的日本领导，人们就无法称其为“全球化领导者”。

您觉得这样的解释可以吗？

这种所谓的必备条件，完全依据领导者自身的情况，来判断其是否符合客观的标准。来自公司外部人员的认识，便是如此。

另一方面，公司内部员工的认识，会更多来自精神层面的考虑。

是否被公司内部员工当作“全球化领导者”，这和领导是否向员工虚心请教，并愿闻其详，以及自身是否具备强大的多样性有关。进一步说，对公司而言，相比国内，重视国际市场的视野，也是员工评价“全球化领导者”的重要标准。也就是说，以上两点的共同之处，落脚点都不是实际问题，而是领导自身的思想觉悟。

全球化领导者，需要积极接触多样化的市场

问：卡洛斯 · 戈恩先生，您出生在巴西，之后相继在黎巴嫩和

法国接受教育，熟练掌握四国语言，如今又经营着法国雷诺和日本日产汽车公司。您这样的经历，和您作为全球化领导者的身份有何关联？同时，对于教育背景没有如此丰富多样的人们而言，怎样成为全球化领导者？

这个问题既常见，也很重要。

首先，像我这样，在某一国家出生，又在其他国家学习，说着不同的语言的人，可以说，是比较容易成为全球化领导者的。当然，并不是说我出生的时候就意识到要为将来的职业生涯做经验的积累，而是被动接受了这样的结果。不过，即使如此，我仍然觉得有多国经历会更容易成为全球化领导者。从年轻的时候开始，不断体验和学习各种文化和语言，的确有助于成为一个全球化领导者。我想，原因是，特别在当下社会里，常常有跨越国境的“纽带关系”。

那么，对于没有异文化经验的人来说，如何成为一个全球化领导者的问题则更为重要。

首先，可以明确的是，相比过去，现在的人们即使没有去过其他国家或体验当地文化，也更容易成为全球化领导者。比如，只待在日本的人，也可以利用发达的互联网，不出国门而知天下事。这是在 20 世纪 80 年代前根本无法办到的事。当时和世界接轨的方法，只有电视、广播、报纸、杂志、书籍等。而如今，不仅网络发达，并且外国人来日本的机会也变多了。

不过，并不能因此说，只要周遭环境能使自己充分获取信息，自己就一定能成为全球化领导者。这其中还有最关键的一点，就是自己能够通过工作，不断接触各种文化或市场。

我们熟知的全球化，并不是照本宣科的东西。我们只有不断地积累实践经验，不断地将自己置身于全球化的环境中，才可以更好地理解和成为全球化领导者。确实，在大学之类的教研单位，也可以学到全球化的世界中不可或缺的知识。但是，那些只不过是强记一些表层性的知识而已。

所谓管理，不只是动动脑筋做到认知就可以了，而且还需要费尽心思钻研理解，不断发挥灵感。为此，经验就显得尤为重要了。而为了获取那样的经验，我们首先要置身于那种环境中。比如虽然就职于日本的企业，但被派往中国、美国或欧洲等等，也算获取经验的方法之一。

然而，有些人可能连这样的机会都没有。对于这些人，又如何成为全球化领导者呢？不妨退而求其次，虽然在日本国内就职，但尽可能寻找到一份可以接触到外国同事的工作，也不失为一个补救的措施。

纸上得来终觉浅，绝知此事要躬行。瞄准弱点、突破难关，不断积累类似的经验，我相信“何为全球化、何为多样性”等问题，都会迎刃而解。

时至今日，信息化泛滥的社会，谁都可以成为全球化领导者

问：请您给没有经历过许多国家和文化的人们提一些建议吧。

当下，似乎谁都能成为全球化领导者。这是因为，就像前面所说，如今，人们足不出户也可以知晓天下事，进而可以培养相应的经验。

比如，今天中国的报纸，或者非洲的音乐，如果你想阅读或是收听的话，完全唾手可得。但是，这些事情，在我刚刚起步的时候是无法想象的。

假如你出生和成长都在同一个国家，那么，和居住在各个国家，并接受过各个国家教育的人相比，确实，想成为一个全球化领导者，会更难一些。然而，如果你有向不同文化，或者与自身背景完全不同的人学习、融合的心态，那么成为全球化领导者的梦想也可能会实现。

也有人完全没有学习的心态，并且只沉溺于自己的国家与文化。当然，存在即合理，我也绝不能武断地说，这样就是错的。但是，在某种程度上，这样的人可以说，已经完全失去了自我充实和成长的机会。

也有一些公司在不断地拓展着海外的事业。如果在这样的公司

工作，我想，不仅能被当成派往海外市场的人才储备，而且也可以接手一些全球性的课题，或者和同公司的外国同事一起工作。所以，通过这样的经历，也可以学到很多不同的文化。

虽然与自己经历、想法完全不同的人共事，并不是一件容易的事，但这份经历也能不断地充实、壮大自己。

2 何谓有能力的领导 CEO?

作为 CEO，既要抓眼前利益，也要有长远打算

问：作为 CEO，总是在眼前和长远的考虑之间瞻前顾后。不仅要在短期之内，为企业谋效率，也要从长远出发，为成长寻找发展机遇。您如何看待这两者之间的关系？

您的问题很有见地！正如您所说，一个有能力的 CEO，既要抓眼前的效率，也要从长远的角度预测公司的走向。

说到眼前和长远二者的关系，我想电动汽车（EV）便是最好的例子。

最初，在 2006 年，我们发表“要将电动汽车投入市场”，并公开表示，我们将投资数千亿日元，销售电动汽车。然而，事后却遭到了很多人的抨击和嘲笑。他们要么说“电池续航距离过短”，要

么说“并没有充电的基础设施”等等。

可是，我们并没有因此动摇。2010 年，我们开始正式销售电动汽车。从当初公开发表，到 10 年后的今天，销售的情况发生了哪些扭转性的变化呢？——结果是，电动汽车被当成是这个社会必备的物品，并因此证实，10 年前我们做的发表，并不是错误的。

一般说到有能力的 CEO 时，附加条件中，总有“短期之内提高业绩”这一条。然而，这不表示，只要提高短期业绩就万事大吉。因为公司的持续成长不会仅此而已。所以，不仅要提高眼前利益，也要具备长远眼光，思考什么是公司将来发展的重要因素。

关于日产汽车进军中国市场一事，在 2001 年的时候，也同样遭到公司内部许多人的反对。当时，大家普遍认为，因为在中国销售最多 3 万台左右，所以这项举动并不能获得多少利益。然而 15 年之后，2016 年的发表中称：“我们在中国销售了 130 万台车。”

在 2001 年的时间点，谁都没法想象，15 年以后，在中国能够卖出 130 万台日产车。然而我却早早地预感到“如今的中国必然会掀起什么浪潮”。所以，我当时不仅说服许多人，长远地推测 2016 年的中国会是如何，而且在 2002 年决定将车销往中国。虽说一开始投资并不顺利，但也算成功预见了未来。

最近，CEO 们也遇到了无法给出长远预判的问题。比如，相当多的大股东，只一味关注眼前的利益，对于公司长远的成长毫不关心。对此，当前的 CEO 们在各种重压之下，也显得十分胆小怕事。

时常，正因为有些 CEO 能交出实际业绩，所以才能突击猛进

问：卡洛斯 · 戈恩先生，您常说“作为领导，必须交出实际业绩”。那么，反过来说，有没有利用这些实际业绩来展开工作的领导呢？

的确，作为 CEO，正因为能够拿出相应的实际业绩，所以有时才可以突击猛进。

比如，将电动汽车投放市场的发表，是在 2006 年做的。如果你问我，能否在 1990 年做出同样的公开发表，我想我无法做到。同样，即使在 2002 年，我也仍然无法做到。

在 2006 年能够做出将电动汽车投放市场的公开发表，正是因为我作为日产汽车的 CEO，在 7 年之内做出了相应的业绩。只要公司内外都认为，这个 CEO 是能给出实际业绩的有能力的领导，那么这个 CEO 就可以对公司未来做出突击猛进的决策。

我想，等到自己退位，新人继任的时候，新人也会因经验不足等理由倍感无力。那些大股东们，应该也意识到公司会迎来这种疲软的时候，并趁此反攻。对此，我也时常担心焦虑。

在众多守旧派中，挺身而出勇敢说出“不”字的人才是真的领导

问：让大多数没有大起大落的职场经历的日本人来说培养领导能力确实很难。请您概括一下培养领导能力的重要方面吧。

虽然大部分人觉得当前日本人都未曾经历过职场中的大起大落，但我并不这么认为。日本一直都处在严峻的形势中。

比如东日本大地震导致国土被破坏的艰苦局面，都是日本必须面对的。不过结果是，日本人都一一克服了这些困境。所以结果证明，日本人具备团结的意识、聪明才智以及坚强的领导能力。虽然遭受重创，但经济仍然屹立不倒。

如今，日本人依然在面对着严峻的状况。比如通货紧缩，很多人都在为如何振兴经济而焦头烂额。

同时，日本也面临着世界少有的人口负增长的难题。

那么，面对诸多严峻问题的日本社会，究竟需要怎样的领导能力呢？总结为一点，那就是“与常识逆向而行的力量”。也就是说，有必要意识到把原因归结于“这些到目前为止都是常识现象”的思考方式“是不行的”，并能拥有对抗常识的力量。

即使面对重大问题，人们也总是习惯被陈旧的思路套牢，不思进取。对此，作为领导，必然会遭遇被周围的大多数人，甚至是全

部的人质疑说“按以往的方式做不好吗”的时候。但即使如此，领导也要固执己见地说：“不，这样做绝对不行。”这样做虽然很艰难，但领导必须是一个敢于在一堆赞成的声音中，挺身而出说“不”的人。与此同时，敢于通过提出质疑的“不”字，指示有别的方向的存在，并最终获得成功的人，才是真正的领导者。

我们来看这样一个例子。英国的温斯顿·丘吉尔，在二战之前，一直不赞同英国不加抵制、姑息纵容纳粹势力抬头的德国的政策。在战前，至少是20世纪30年代左右，英国的社会中，并没有像丘吉尔这样向德国一直说“不”的人。据此可知，丘吉尔是当时极少数的反对者之一。然而，战争开始后，纳粹德国逐步摧毁了欧洲各国。到了火烧眉毛的那一步，英国人才清醒地认识到：“原来丘吉尔才是正确的。”丘吉尔正是在一堆点头说“是”的声音中，毅然决然地说出“不”字的人。这当然需要充足的勇气。

企业的运作也有异曲同工之妙。在大家都觉得“按照目前为止机械式地重复工作即可”的想法中，也能在毫无支持者的情况下说出“按这样旧的方式重复劳动只会带来企业生产的停滞。我们必须改变商品，改变销路，改变自己手头的任务”的人，才是适合做领导者的人。

企业需要运用领导能力来迎击挑战。所谓挑战，就是用传统的方式无法解决当前实际，所以必须改变企业的发展方向。作为领导者，必须将废旧立新的思想，传达给企业中的每一个人，并改变他们的工作习惯；虽然这样做，绝不是一件轻而易举的事情。

从1999年开始的日产复苏计划，我在当时也意识到对传统的生产方式说“不”的必要性。在那之前的日产汽车，是一个没法撼动传统、另立新思路的组织。如果只一味因循守旧，那绝不会迎来新的突破。

3 决定“自己就是领导者”的人不是自己，而是周围的人

领导与组织中的职位不同

问：做领导，有什么必要条件？

决定“自己就是领导者”的人，往往不是自己，而是周围的人。

即使自己认为“我以往走过的路，都是精英之路，并且毕业于名牌大学，已经掌握了做领导的诀窍”，也不能因此断定“自己就是一个领导者”。

即使被委任带领某一部门或团队的职务，也不可草率地认为：“从今天起我就是领导了。”可能刚好在旁人无法胜任这项职务的时候，而碰巧你又比别人优秀了一些，所以才得到了这个职务。所谓的“董事长”“总经理”“经理”等称呼，不过是组织中的某一项职

位而已。

然而，只有真正被周围的人认可，才能被称为“领导者”。

我们应该意识到，在某个职位中发挥作用，并被周围的人认可，才是一个名副其实的领导者，而不是固步自封地认为：“我要以一个领导者的姿态好好做下去。”

个人魅力和行事作风的一贯性，是作为领导者被周围人认可的必要条件

问：作为领导者，为了获得周围的认可，有哪些事是必须要做的呢？

在当下，既有挂着领导的虚名名不副实的人，也有不在领导的岗位却被周围人尊为领导的人。

那么这两种人有怎样的区别呢？

首先，作为一个领导者，就必须为人与人的心灵牵线搭桥。并且在维系这样的人际关系中，让对方感受到自己的魅力，觉得“我对这个人产生了浓厚的兴趣”，是十分重要的。

其次，还有一项需要注意的，就是能否带来结果。也就是说，在任何一种艰难的状况下，都能给出理想的结果。如果周围的人都觉得“这个人总是能带来好的结果”，那么可以说这个人已经成为了领导者。

假如一个人实现了被周围的人认定的不可实现的事。比如，就算情况不容乐观，但仍能迎难而上地交出实际成绩。或者，完成了比预期的 1 000 件还要翻倍的工作量等。在不断实现这些超出预想范围的结果中，人们已经充分认识到这个人的领导能力。

然而，并不是说单独一次的结果中超额完成了预定的任务，就能称之为领导能力。2 次、3 次、5 次、10 次，只有在这样不断重复的状况下持续给出好的结果，才能够赢得别人对自身领导能力的认可。也就是说，众人诉求的，是行事作风的一贯性。无论是面临危机状况，还是意想不到的局面，甚至是其他各种情况，良好的领导能力总能一如既往地给出喜出望外的结果。

人们总是说“亚洲领导者”“欧美领导者”或者“女性领导能力”“男性领导能力”，但我却觉得这种分类方法是不成立的。作为领导者，唯有在人际交往中充分展现个人魅力，以及时常带来好的结果才是共通的必要条件。

如果能够深思熟虑，并客观地看待自己，才能使自己所做的判断和行事作风保持一贯性

问：日产汽车的志贺俊之副董事长曾说过：“戈恩先生最大的特点，就是无论置身何种情况下，都能维持判断以及行事作风的一贯性。”在实际工作中，戈恩先生您又是如何维持这种一贯性的呢？

通过不断的深思熟虑，客观地看待自己，以及作判断和行动时完全基于自身信念，便可以维持这种一贯性。

所谓深思熟虑，就是无论置身何时何地，面对艰难的选择时，都要勤于铺开面去思考各种情况，并追求思想的深度。因为形成这样深思熟虑的习惯之后，不仅判断的一贯性能够得到培养，也可以避免许多武断的决定。如果领导周围的人察觉到“上一次刚定的计划A，结果性情中人的领导，在今天又突然换成了计划B”的矛盾之处，那就意味着他们已经厌恶了这位领导者的管理手段。谁都希望自己的领导是一个说话做事态度笃定的人。上一次心情好便拍板了计划A，而今天因为心情不好所以选择计划B的行事作风，是看不出领导者自身的一贯性的。

还有一点，对自己客观看待，基于自身的信念作出判断和行动，也体现着一贯性。比如，我根本想不出在我刚任职日产汽车CEO之后，2001年或者2002年的时候说了什么。甚至，10年前发生的事，我也几乎记不起来。

但是，即使如此，如果我依然能发挥言行举止的一贯性，原因便在于我的行动会忠实于自己内心真实的想法。如果，在不同的时候心里想着的是“违背心意又如何，这不过是公开场合下说的一些阳奉阴违话，应付应付就可以了”，那便是不客观、不忠实于内心的信念而说的一些撑场面的话。久而久之，自己周围的人就会为此困扰不已，觉得“今年说的话怎么刚好和去年说的相反”。然而，说话的当事人，因为不过是逢场作戏地说了一些应酬的话，所以即使说的话与过去相违背，自己也没法察觉。

为了避免发生这种情况，我们必须按照自己真实的想法以及信念采取行动、作出判断。这样一贯性才能得到高度的维持。

深思熟虑与客观看待自身，带来判断和行事作风的一贯性。同时，正因为有了一贯性，才可以更好地维持领导能力。如果仅仅考虑领导能力的短期发挥，那么一贯性的维持可能并不重要。但是，对于10年、20年不断经营企业的领导者来说，一旦失去了一贯性，就会失去周围的拥护者。对于长期从事领导职务的人来说，一贯性需要引起高度的重视。

领导者并不需要将一切和盘托出

问：的确如您所说，我也意识到判断和行事作风需要一贯性，但是在人与人交往中，适当变通一些处理问题的方法，有时候不也是挺重要的吗？

您的补充非常好。如果我说“基于自己的信念作出判断和行动是很重要的”，可能有人会质疑：“那我所做的一切，都需要向别人和盘托出吗？”其实，这完全是曲解了我的意思。领导者绝不是将自己所想的任何事情都要全盘地告诉对方。有时候，甚至三缄其口反而会更好。

经常对于某一件事，是反对还是支持，或者喜欢还是厌恶等不发表意见也完全没问题。根据情况，如果不表态比做选择更好的话，则可以什么都不透露。

所以我所说的客观看待，是指给出“就按这个方向发展”的判断之后，在上传下达的时候，需要对自己客观看待，并根据自己的信念行事。

因为不同年龄段的价值观存在差异，所以领导能力也体现为不同的形式

问：戈恩先生是如何看待时代的发展和领导能力的形式之间的关联的呢？

领导能力的形式，是不断变化、发展着的东西。为什么这么说呢？因为社会，以及我们人类本身就是在不断变化、发展着的。

在同一个企业里工作的人们，也可以根据年龄段分为 50 岁左右的人和 20 岁左右的人。他们所处的时代背景差异甚大。比如，50 岁左右的人，可能会把“世界”理解成“由各个国家组成的东西”。而对于年轻人来说，“世界”就是“一个整体”，会想当然地认为“国境线是不存在的”。通过互联网，在线即可了解中国、美国、巴西的现状。不同年龄层次的世界观，随机取出一例就有如此大的差异，所以往后这样价值观的差别程度，可能会越拉越大。

因此，人们总希望从事管理的领导者们，可以采取新型的管理

手段。为此，最佳的办法，便是“追求共同发展”。不同的问题中处处体现着共性。如果能围绕着共同的问题交换意见，谋求共同的进步和发展，那么相应的管理办法也会水到渠成。

轻松一刻

全球化和企业的国籍——日产汽车是日本企业

问：日产汽车，过去是为日本人服务的日本企业。如今，伴随着全球化事业的起步，供应的顾客遍及世界各地。工作在世界各地的生产片区的从业人员也是拥有各种国籍的人。这样一来，日产汽车应该如何做出自身的企业定位呢？

市场的全球化目前仍然在如火如荼地进行着。

比如，在日产汽车的销售额中，日本市场所占的比重仅仅只有20%。而余下的80%多的份额，都分布在海外。因此，最大的市场并不在日本，而在美国。中国和欧洲市场紧随其后。

那么，日产汽车到底是哪个国家的企业呢？

就“国家品牌”这一点，可以很明确地说，日产汽车是代表着日本国籍的企业。这也符合海外人们对“日产汽车”的认知。无论在墨西哥，还是巴西、德国、俄罗斯，购买日产汽车的顾客都认为“这是一台日本的车”。可能没有人不知道日产汽车是日本的企业。

换句话说，日产汽车就是“日本品牌”的企业。

在汽车行业，经常能看到一部分公司收购根植于其他国家的品牌。比如，德国大众汽车虽然是德国的企业，但也收购了宾利这一豪华轿车品牌。所以，宾利虽然也算是德系车旗下的品牌，然而购买它的顾客却总认为自己开的是一台英国产的车。同样，德国的宝马汽车收购了劳斯莱斯这一英国品牌的车。然而，购买劳斯莱斯的人也觉得自己买来的是一台英国品牌的车。总而言之，品牌与它扎根的那个国家息息相关。

虽然，企业在全球化进程下收购海外的品牌后，国籍的认知变得愈发暧昧不清。但是，收购的品牌却深受企业所在地的影响。通常，即使股东的大多数并不来自该国，日本企业会对日本政府“言听计从”，德国企业会对德国政府“言听计从”，因为公司的总部在那个国家。

另一方面，即使对从业人员的国籍问题心存芥蒂，全球化的进程也势不可挡。而且，从业人员的外国人比重只会越来越大。比如，日产企业在全球拥有24.5万从业人员，其中日本人只占7万左右。此外还有中国人、俄罗斯人、墨西哥人。这样的外国从业人员，也必须同日本人一样，拥有“我是属于日产汽车”的意识。

在全球化的进程中，“国籍”的改变将会愈发淡化。然而，“国家品牌”或者品牌自身的意识却不会淡化。同时，总部所在国对该品牌的影响将越来越明显。

因此，被大众当作日本品牌，总部设置在横滨——日本国内某一地点的日产汽车，无论如何都是日本的企业。

学术解说

全球化领导者

| 太田正孝、池上重辅

虽然说全球化本身并不是一个新的现象，但是全球化领导者不仅是一门全新的研究领域，而且和传统的（国内）领导能力的研究相比，进展相当迟缓（莫里森，2000）。那么，原本全球化领导者和国内领导者的作用有何不同呢？同时，最一开始的全球化领导者的定义，虽然也曾借鉴过国内领导者的定义（杨 & 雷迪，1995），但是随着全球化竞争压力和活力不断加强，人们愈发意识到全球化领导能力远比国内领导能力复杂。奥斯兰德与巴德认为，全球化领导能力与传统领导能力的不同之处，在于它们逾越了不同文化之间的连接性（connectedness）、超越边境（boundary spanning）、复杂性（complexity）、伦理性课题（ethical challenge）、紧张（tension）与矛盾（paradox）的应对、类型学、不断学习的环境与共同体的构筑以及大规模变革的主导等程度的不同。

过去优秀的领导能力理论，往往会预设"超越文化"（即不受文化影响）（多尔夫曼，1996）的前提，其实从异文化研究者近年的评论来看，人们也大致赞成基于某一文化创立并维护的领导能力理论，可能不能直接套用到别的文化上（艾詹，2008；迪克逊，卡斯塔诺，马戈梅夫＆登·哈托格，2012）。也就是说，全球化领导者与国内领导者最明显的不同，在于前者关心的是如何对应全球整体的问题。同时，如果能够意识到在地球上各个国家存在着许多不同的民族、人种和文化，那么也就很好理解全球化领导能力是与异文化紧密结合起来的。

前面已经描述了领导能力有多种多样的定义，其实，全球化领导能力也一样具有丰富的意义，并没有统一的定义方法。全球化领导者与长期海外居住经常被当作同义词使用（默里＆默里，1986；斯坦尼克，2000）。也有把中坚企业中运作多个跨国市场贸易的领导者作为研究对象的情况（阿里＆坎普，1996）。也有人将其定义成在跨国企业内调整全球事务的人。究竟是用于顶层企业领导，还是稍微低一些的阶层，区别并不明确。巴特利特与戈沙认为全球化领导者包含了事业管理者、国别管理者、职能管理者等广泛的定义。

研究全球化事务中领导能力的门登霍尔等人（2013）认为，全球化领导者就是横跨多个国家的企业参与人，以及在包含多个外部机构与文化的时间、地理、文化复杂背景下，通过整合信息源、组织构造以及进度，构筑共同体，进而给组织带来重要并且积极变化的个人。

逾越国家的领导能力类型

戈尔曼归类的六项领导能力类型，是以全球两万名经营干部中随机抽选的 3 871 人为基础研究得到的结果，所以在某种程度上发挥着国际性的作用。但是，他却并没有太过在意不同国家（文化圈）中行之有效的领导能力的差异。另一方面，豪斯主持的国际性研究小组 GLOBE（Global Leadership and Organizational Behavior Effectiveness）针对领导能力的效果（leadership effectiveness），通过 20 年的调查，完成了其在国际中的比较。之前，我们也陈述过关于领导能力效果的实际状况取证被分为若干方向。而 GLOBE 的研究通过“领导能力因状况不同而发生变化”的思想基础，分析各国文化的做法，便是着眼于对实际状况的取证。

GLOBE 的最新调查显示，通过对世界中 24 个国家的上千家公司的 CEO 以及 5 000 人以上的企业干部的数据分析，将领导能力分为以下六种类型。并且，大体分为各国通用和各国评价各不相同的这两大类。

王牌/变革型领导能力（charisma/transformational leadership）： 通过稳固的核心价值观，指导其他人取得最好的成果。根据 GLOBE 的分类，又称为“王牌/价值基准型的领导能力”。

团队志向型领导能力（team-oriented leadership）： 制作优秀的团队，推进实现团队成员之间共同目的或目标的领导能力。

参与型领导能力（participative leadership）： 具有强势作出决定并使得他人立马产生执行力的领导能力。

人类志向型领导能力（humane leadership）： 运用人道主义支援对方意识的领导能力。

自律型领导能力（autonomous leadership）： 具备独立、个人主义的领导能力。

自我防卫型领导能力（self-defensive leadership）： 通过稳固的地位和不失体面的做法，确保个人和团队稳扎稳打前进的领导能力。

虽然 GLOBE 和戈尔曼的分类方法有诸多相同之处，但不同之处也有很多。特别是 GLOBE 的调查可以通过观察不同领导能力对不同文化圈带来的效果，进而提供有效的参考意见。因为 GLOBE 的调查基础设计得极其精致，所以本书虽然没有全面涉及此处，但是可以说，能让大多数文化圈都感到适应的领导能力，便是首屈一指的“王牌/变革型领导能力”，“团队志向型领导能力”次之。“王牌/变革型领导能力”是基于稳固的核心价值观，通过激励、打气、给予期待的方式使得对方拿出最理想结果的能力。而“团队志向型领导能力”则侧重于制作优秀的团队，推进团队成员之间达成共同目的或目标的领导能力。而通行于各文化圈的“王牌/变革型领导能力”是否引起了日本企业的关注，并使日本企业有效地实施相应的培养计划了呢？

表 1－1 显示的是 GLOBE 的六种管理能力类型之间的关系。其中不难看出“王牌/变革型领导能力”以及“团队志向型领导能力”

深受各种文化的喜爱。同样，我们也能清晰地看到，虽然“人类志向型领导能力”也是超越了文化的藩篱深受追捧的领导能力类型之一，但仅限于亚洲圈、撒哈拉沙漠以南非洲以及英国文化，在北欧以及拉丁语系的欧洲文化圈部分，评价却不尽如人意。“人类志向型领导能力”指的是运用人道主义支援对方的意识，体现理解对方并海纳百川的精神。虽然遗憾的是，GLOBE 的这项调查并没有包含日本，但是日本作为亚洲文化圈的国家之一，“人类志向型领导能力”的呼声可能也很高。

表 1－1 GLOBE 的六种管理能力类型之间的关系

<table>
<tr><th></th><th>王牌/变革型</th><th>团队志向型</th><th>参与型</th><th>人类志向型</th><th>自律型</th><th>自我防卫型</th></tr>
<tr><td rowspan="3">高
↓
低</td><td>英国
拉丁美洲
南亚
部分欧洲
北欧</td><td>拉丁美洲</td><td>部分欧洲
北欧
英国</td><td>南亚
撒哈拉沙漠以南非洲
英国</td><td rowspan="3">东欧
部分欧洲
部分亚洲
南亚
北欧
英国
中东
拉丁语系欧洲地区
撒哈拉沙漠以南非洲
拉丁美洲</td><td>南亚
中东
部分亚洲
东欧</td></tr>
<tr><td>撒哈拉沙漠以南非洲
拉丁语系欧洲地区
东欧
部分亚洲</td><td>东欧
南亚
北欧
英国
拉丁语系欧洲地区
撒哈拉沙漠以南非洲
部分欧洲
部分亚洲</td><td>拉丁美洲
拉丁语系欧洲地区
撒哈拉沙漠以南非洲</td><td>部分亚洲
拉丁美洲
中东
东欧
部分欧洲</td><td>拉丁美洲
撒哈拉沙漠以南非洲
拉丁语系欧洲地区</td></tr>
<tr><td>中东</td><td>中东</td><td>东欧
南亚
部分亚洲
中东</td><td>拉丁语系欧洲地区
北欧</td><td>英国
部分欧洲
北欧</td></tr>
</table>

虽然戈尔曼的分类方法，在海外发挥领导能力的时候也很重

要，但同时也需要注意考虑对各个国家的文化最行之有效的领导能力分别是什么。我们希望大家在阅读戈恩，以及同时推动日产蓬勃发展的志贺两人发言的时候，可以思考戈恩属于哪种领导能力类型，又是怎样不同于其他领导能力的；以及，志贺又是属于哪种领导能力类型，和戈恩先生的领导能力又是怎么发生着联动关系的。这样，大家不仅可以构筑起属于自己的领导能力认知系统，也能带来一些作为团队管理理应思考的重点内容。

CHAPTER 2

领导者必须十全十美吗？

——变革的领导能力和意志决定

1 什么是领导作风？

虽说领导者“不都十全十美”，但让人觉得不会失败的领导，看上去往往很完美

问：有没有十全十美的领导者？领导者必须十全十美吗？

首先，“完美的领导者”是不存在的。但是，人们眼中“完美的领导者”却是存在着的。

那么，那个领导者究竟做了什么呢？其实不过是在预感失败即将来临的时候，提前排除了隐患而已。也就是说，在看到失败即将产生的迹象时，他已经意识到问题的存在。

但现实情况是，能够在问题来临前看出迹象，并能防患于未然实在太困难。确实，如果只是一

年之类的短期问题，也许人们能够预知即将发生的问题。但是，如果把预知的时间周期拉长，那么预知问题发生的难度就会加大。因为，伴随预知的范围越变越宽，不可预测的突发情况也会随之增多。

比如，请大家回想一下 2008 年的情形。突如其来的金融危机使得银行瞬间不能运转。这样的事态，谁会在此前的三到五年时间内准确预测出呢？为此，几乎所有的企业都不得不改变他们的中长期经营计划。将最初的企业持续成长的计划，变为突破世界经济重创期的计划。当然，企业的业绩也因此不断恶化。

等到终于熬过了 2008 年的经济危机，心想可以松一口气的时候，接下来 2011 年又发生了东日本大地震。日本国内的许多工厂不得不面临停止一切工厂操作的现状。日产汽车也中断了原料生产线，一时不知如何是好。只不过持续了 3 分钟左右的突发事件，使得原本井井有条的生产秩序，一下子陷入了极其混乱的状态。

作为领导，遇到这种出乎意料的事件时必须做哪些工作？我想，排除原有的计划，重新审视未来的走向是势在必行的。同时，对应的手段必然不是简单明了的那种，而应当是极具变革性的处理办法。

那么，变革性的处理办法需要具备什么条件呢？

我想最重要的是领导者自身需要体现出一种顽强拼搏的精神。也许领导者偶尔犯了一次错误，会得到周围人们的谅解。但倘若面露畏难情绪，那是绝不能被原谅的。

领导之所以能够成为领导，不仅因为厚积薄发的经验储备和准备工作，而且能够让周围人信服。预料之外的事情发生之际，也正是需要动用前期的经验积累，通过强有力的判断处理艰难局面的时候。我想此时，自己顽强拼搏的精神会给予莫大的帮助。

正因为能够给出圆满的工作成果，所以才有说服力鼓动别人行动

问：人们经常说“鼓动人心”。比如让一直不赞成自己的人变成赞成自己的人。戈恩先生，如何才能做到这样呢？

能够鼓动人心，并不是因为善于言辞，或者西装革履、礼仪周到，而是因为能给出圆满的工作成果。给出成果，周围人才会放下对自己的怀疑或批判的心态，进而支持、协助自己的工作。

我在 1999 年刚到日产汽车的时候，员工们总是对我抱着怀疑的态度。当时我耳边听到的基本上都是“这人是谁啊？接下来他要干什么？他既不是日本人，也不会说日语。听说他好像是从雷诺公司调过来的，那又是一个怎样的公司啊”的声音。因为我是一个外部人员，他们对我一无所知，所以被怀疑是很正常的事情。再比如，“好像法国的媒体说这人就是‘成本粉碎机’。不过这样的人要是能在日本也能成功那就怪了”等等。

而在此之后，彻底让这些人改变心态的原因，也就在于我给出

了让他们满意的结果。不过这并非一朝一夕的功夫。我第一年刚进公司的时候业绩还不错，但仅凭这样的结果，实在难以打消人们的疑虑。有人认为："备抵账户以及对账本的修正都能够使业绩看上去还不错。不过这应该很难维持下去。"然而，这种成果一直维持到第二年、第三年、第四年，人们的怀疑才终于打消了，并觉得我"这个人很能干"。

实际上，我在 1999 年刚进日产做演讲的时候，没有人觉得我这个人"是一个相当优秀的领导者"。让周围的人认识到我的领导能力，是因为我能一如既往地给出成果。特别是同个公司内的人，正因为他们感受到了有些陈旧的东西在不断地发生变革，所以才能更好地认识到领导者自身的领导能力。

能够引领变革的领导，可以成为各个行业的佼佼者

问：戈恩先生，您到目前为止，在日产汽车相关的企业内完成了各式各样的变革。有没有一种专属于某个特定行业、领域的领导能力呢？

不论企业生产的是什么产品、提供的是怎样的服务，有能力的领导者都能在该企业内引领变革。领导者没必要让自己成为自己公司生产领域的技术专家。

那么，说到如何引起变革，便是让已经存在于公司内部的变革

因素以及解决策略变得更加具体化。

当日产汽车面临经济危机时，提出解决策略进行变革的人并不是我，而是公司的员工们。我所做的，就是通过倾听拥有解决策略的员工们的声音，利用简单易行的方式具体实现这些策略。最终让社员们保有持续的干劲，给出满意的结果。所以，作为领导者最重要的一点，就是要学会领导众人。

当然，因为员工们的解决策略因人而异，所以领导者对于是否能够作为解决策略接纳并采取行动，需要动用已有的知识体系加以判断。

2 变革和决断

改革的“食谱”不是用来抱残守缺的，而是要不断进取创新，抛弃墨守成规的老路，投身“进取创新的改革”中

问：戈恩先生，您到目前为止分别在米其林、雷诺以及日产汽车等企业中果断地实行了变革措施，请问在这当中有没有共用的像“变革食谱”这种东西呢？

我并没有什么工作中共用的像“变革食谱”那样的东西。换句话说食谱是用来不断进取创新，而不是用来抱残守缺的。比如说，

吃了某道菜以后，基于当时尝这道菜的味道，然后为了研制新的菜而更新已有的食谱。也就是说，食谱伴随自身管理方面的知识的增加而不断地进化。

比如，1999 年我刚到日产汽车的时候，并没有手持什么像“变革食谱”的东西，也没有什么“只要把 ABC 等按部就班做一遍，日产汽车复苏计划就能实现”的最优解。对此，我打算彻底掌握当时日产汽车的现状。在某种意义上，这种“食谱”倒是我自己通过花时间研究得到的一手资料。

首先，我逐个向企业的员工们询问“你认为日产汽车存在什么样的问题”，“对此你认为最好的解决办法是什么”。在此基础上，自己判断日产汽车这一组织出现了哪些问题，并钻研出应该如何去做的实际办法。在此基础之上，判断出处理问题方法的先后顺序。我觉得这样既能够集中精力解决问题，同时也可以脚踏实地面向实践，想出解决的办法。

当初刚来日本的时候，我并不知道“日产汽车的状况是这种情况”。然而，在我知道了具体情况以后，我可以装成抛弃了“原来到了这个地步”或者“理应是这种情况”的固有印象。之所以这样，是因为一旦形成了先入为主的观念，那么往后的工作便容易墨守成规，错失更多的机遇。我觉得，向员工们开诚布公，虚心接纳各方意见的姿态，是非常重要的。

做出艰难抉择的时候，需要“坚持信念”“坚决执行”“给出满意的成果”

问：在您必须做出艰难抉择的时候，您是不是早已在心中定下了方向呢？因为我觉得戈恩先生您在作决定的时候应该会融入一些个人原则性的东西。

首先，人在做艰难抉择的时候，是非常孤独的。的确，我会给自己一个心理暗示“你必须这样做”。然而，就在此时，周围的人却一点也没打算做这件事的意思，当然也不会赞成自己这么做，所以做这样的决断，既非常艰难，也十分孤独。

做艰难抉择最典型的例子，就是优化企业内部组织时做出的决断。像关闭工厂、裁减员工这样的决断，我想谁也不愿意亲自去做。然而，为了企业的生存、扩大再生产，有时候必须这么做。这就是十分艰难的任务。

那么，置身于这种情况下的领导应该如何自处呢？为此，我认为有三点必要的基本条件。

第一，也是最重要的一点，就是“坚持自己的信念”。做出艰难抉择的时候，维持信念是极其有必要的。所以，最初必须说服自己。要意识到自己才是做决断时最贴身的精锐部队。这个最贴身的精锐部队，一旦对自己所做的决定反复犹豫，顽强抵抗到底，那无论自己如何努力，都无法在艰难的环境下做出果断的决定。如果，自己在做一个决断之前，连自己都不能说服，那么我认为还是不做为妙。

说服自己的确是一件很辛苦的事情，也许会花费大量的时间。在这个时候，请多听一听周围人对自己的决断持何种意见。如果大家都说“你应该这么做”的话，自己自然而然地会信心倍增，觉得“我做的决定果然是没问题的”。如果被大家说“你不能这么做”的话，自己也可以给出对策“必须想出推翻这些反对意见的反例”。如此循环下去，自己的意志决定力会不断成熟壮大。同时最重要的是，自己也会越发坚持自己的信念。

一旦有了坚定的信念，第二点，便是有必要“以信念为原点，让周围人信服，并使得这种信念付诸实践”。

如果总是希望轻松做好决断后便草草收场，那实在是太简单粗暴了。就像社长口头上简单说说“来，大家就这样做吧”那样，仅仅停留在说的层面，而没有让周围的人自发地行动起来，那么这样的决断便毫无意义。

“我暂时得先把手头上的任务完成了然后才会有做其他事情的功夫。”

“我想先看看情况。”

“能让我再考虑考虑吗？”

如果你听到周围人都是这样的反应，那等于没有起到任何执行的作用。其实，大多数企业，在领导作出决定之后，周围人都是这个态度。即使听到决定的内容，我想接下来的执行力也会大打折扣。

所以，必须时刻做好背水一战的准备，试图多多沟通，说服周围那些让自己的决断打水漂的人，让他们能够将自己所作的决定付诸实践。无论是员工层还是管理层、媒体、消费者、政府等，自己面对的是纷繁复杂的群体。如果对方能用 15 个理由来反对自己，那也请你自己对这 15 个理由进行一一辩驳。

最后，第三点，是必须“事先想好大家期待的成果”。换言之，有必要告知周围的人，通过当前的决断可以获得怎样的结果。

比如，仅仅告知对方“我们决定要关闭工厂，并且削减员工”的话，我想周围应该没有人会同意。然而，事实上我们会说成这样：“虽然说名义上是关闭了工厂，削减了员工，但是我们却能因此获益 1 000 亿日元以及 5%的企业增长。这样的成果我们将在 2 年以后初见成效。”像这样，周围人的注意力会更多地关注到问题的结果上。

日产复苏计划中，最重要的便是责任意识。通过向人们解释“虽然说我们做出了艰难的决定。但是，由此带来的却是众人期待的企业的成长”，使得人们更加关注决定带来的成果，并让他们不断地付出行动。事先告知人们可能带来的利益，人们便能更好地接受为此做出的牺牲。因为他们看到了可预见的成果。

假设说一个人在很多情况下必须做出艰难的决断，那也就意味着这个人必然在当前被委以重任。一般对于社长或 CEO 这样的职位，人们总会觉着这些人应该是“报酬很高”“办公室十分宽敞”“乘坐豪车出入，也有司机接送”等；然而，却看不见他们“必须做出棘手的判断”“时常睡不好觉”“经常要给出满意的成果”等这些侧面。因为这些都是不断接受挑战的职务，所以需要时刻做好准备。另外，如果能勤恳踏实地处理这些任务，我想周围也会有更多拥护自己的人。

深思熟虑与大胆果断这两点对于领导者来说都很重要

问：戈恩先生，虽然您曾说过“把握好深思熟虑和大胆果断之间的关系，对于领导来说是很重要的”。但我总觉得，“深思熟虑”和“大胆果断”，就像“静”与“动”一样，是一组矛盾对立的东西。

确实，深思熟虑和大胆果断，看起来十分矛盾。不过，这两点虽然在性质上完全不同，但组成了相辅相成的联动模式。

如果没有深思熟虑，那么再大胆的行动也不会成功。同样，即使做了深思熟虑，没有大胆的行动，再多的深思熟虑也只能是白费力气。深思熟虑理应和意志决定紧密关联。

没有深思熟虑的大胆果断，是极其危险的。这会带来不可想象的悲惨结局。就像没有任何安全防护擅自行动一般。

深思熟虑与大胆果断这两者的关系，和自动驾驶与智能互联汽车的关系十分相似。如果没有自动驾驶的技术，即使电视会议的影像可以显示在车内，但驾驶汽车的人仍然要紧紧抓住方向盘，所以很难发挥智能互联汽车的作用。另一方面，即使通过自动驾驶可以无手驾驶，如果没有智能互联汽车的技术，自动驾驶的优点也会缩小。虽然性质完全不同，但彼此互为支持。

可以充分发挥领导能力的CEO，不仅能像学者一般运用理解或解析的能力深思熟虑，并且，也能够像一个变革者那样大胆地采取行动。如果没有这样的动力，则不能成为一位CEO。

当自己的决断遭到反对时，先反复确认自己的决断，再向周围人说明清楚

问：我觉得领导者在做出一个全新的决断时，不可避免地会遭到保守派的反对。您认为领导者应该做出怎样的处理方法呢？

我想在做出重大判断的时候，周围人大体都会反对的。因为他们会觉得："这样新鲜的挑战，你觉得会成功吗？"反而，领导者应当在周围人对自己"嗯嗯"点头时，意识到自己所做的决断是不是"没什么价值"。

我一般在被周围人反对的时候，会再一次分析数据。当我意识到"果然我自己的分析是准确的。别人之所以会反对，是因为我看见了别人看不见的东西"的时候，我会果断地向周围人解释清楚，

说明决定的必要性。

2002年，当我们希望加入中国市场的时候，我也遭到了周围人的反对。然而，我依然做出了加入中国市场的决断。现在，我们在中国的销量达到了130万台，成为了我们最为赢利的事业之一。谁都说："戈恩先生，您在2002年做的决定实在是太棒了。"然而，换作是今天，如果在中国的销量出现赤字，我想这些人又会说："戈恩先生，你干吗在2002年做出那么愚蠢的决定呢？"

最终，做出的决断是好是坏，必须通过结果来检验。在做出结果之前，自己必须一边在反对声中确定自己做的决断是否准确，一边向反对自己的人解释说明。我们必须经历这样的阶段。

不断积累"基本上是准确"的决断，就会达到成功的彼岸

问：该怎么看待商业行动中的"失败"或"失误"呢？戈恩先生，在您的职业生涯中，有过失败或者失误的时候吗？如果有，您又是怎么看待的呢？

在经营领域中，"完美的决断"是不存在的。谁都无法做出完美的决断。因为带领整个公司的领导者也是人，所以偶尔也会犯一些错误。当然，领导者应当对所有决断和委托，以最专业的眼光做最大的努力，尽己所能以及对状况的理解做出最好的决断。然而，另一方面，我们也需要意识到是人就会犯错误这一点。

重要的是，在成百上千个决断里面，至少大部分是朝着准确的方向前进的。

我或多或少也犯过一些错误，并且在做了错误的决断后才意识到那是错误的。这样的情况适用于任何一家公司，尤其是在选人问题上特别容易决断失误。因为选人确实是很难的抉择。

总而言之，不能说所有的决断都是完全准确的。所以我们只要瞄准大多数决断都是向着准确的目标前进即可。如果大多数的决断都能带来正确的结果，则可以说明这是一位成功的领导者。

对于乘坐客机的乘客来说，从飞机起飞到降落为止，如果没有感觉到任何问题，则认为“这是一次完美的飞行”。或者，都不会意识到这次飞行是否完美，因为什么也没发生。

然而，对于飞行员来说，从起飞到降落，需要面对各种各样的问题。如果你问飞行员：“这次飞行遇到了哪几个问题？”他可能会告诉你：“遇到了 4 个不太顺利的情况。”可能是警告灯的状态不大好、开关不太好打开等。然而，乘客并不会意识到这些情况。

3 对于状况的把握

只要数据完全公开，经营者就没法“自欺欺人”

问：有没有让经营者避开“自欺欺人”圈套的办法？

一份工作有没有出现问题，很容易从明确的数值中看出来。政治家也是，要看他的政权是否进展顺利，通过内阁支持率这种明确的数值就能略知一二。商业活动更是如此，人们可以通过销售额、收益、现金流、股票市价等明确的指标，进行客观的评价。

许多人都会关注这些指标。比如，众多的股东会具体分析这些体现企业状况的数值。员工们会常常关注自己就职的公司或组织的实际业绩如何。消费者也会在意自己关心的企业是否具备良好的发展势头。因此，我认为经营者是无法“自欺欺人”的。

这也就是说，经营者完全被置身于一个用客观数据衡量自身水平的竞争环境中。如果一家企业的经营者，是只坐在老板的办公室里，既给不出任何成果，又不做任何工作，还自居管理者的位置，那至少可以说明，这家公司绝不是上市公司。因为上市公司，是无法漠视现状自欺欺人的。

正因为持之以恒的关心和努力，才会渐渐熟知自己公司的情况

问：像您熟知的日本企业，有很多就职 30 年以上，被人当作理应知晓公司各项事务的人，最终成了顶层领导的情况。然而，这样的人很多时候并不能很好地发挥领导能力，也无法改变公司的面貌。是不是这些人并不了解公司的情况呢？您觉得这些人存在哪些不足呢？

在一家公司工作30年，并不能和深入了解这家公司画上等号。如果没有对自己公司足够的关心，那也无法获取更多有关公司的情报。

即使是一般的夫妻关系，虽然在一起生活了30多年，也有完全不了解妻子的丈夫。重要的并不是在同一个屋檐下一直生活与否，而是对于对方抱有多大的兴趣，能否真正地顺应对方。

我想在一家公司工作30年左右的人，应该知道公司的办公场所在哪里，或者各团队的员工是谁。可是，这和知晓自己就职的是怎样的公司，从知识层面来看完全是两回事。

为了知晓自己就职的是怎样的一家公司，自己必须脱离舒适圈，不断吃苦耐劳，应对危机状况，解决各种难题，积累各种各样的经验。只有经历了这样的锻炼，才能够积累对公司的认知。不是说仅凭对公司的归属意识就可以衡量的。总而言之，对自己的公司抱以十分的热忱，并不断积累经验是十分重要的。

所谓公司的运营，历经10年基本就会大变一次。10年前和10年后，应该是翻天覆地的变化。为了知晓瞬息万变的公司属性，自己也必须与时俱进，常抓不懈，对自己的公司保持持续而高度的好奇心。如果一直以来只按一套工作流程，以不变应万变的话，那便无法知晓公司内的层层变化关系。

如果手头没有体现公司现状的指标那便只能去走访生产一线询问情况

问：除了销售额、收益率以及 KPI 等数值之外，还有没有其他的衡量标准或者方法能够把握公司的现状呢？

有些公司并没有反映自身现状的客观指标。

1999 年的日产汽车也是如此。连公司的员工数，在刚来日产的我询问有多少人之后，因为数量不断变化，经历 2 个月才理清眉目。一般我们无法相信一个变化不定的数据。虽然有会计和经理部门，但当时并没有财务总监（CFO）。这可能对于今天的诸位听起来很匪夷所思，但当时我也没法掌握每个车辆种类的收益率、特定市场的收益率等数值。

那么，没有客观显示公司现状的数值，我们又应当如何应对呢？我想我们只有去走访生产一线。没有数值、没有 CFO、只有现金不断流出、银行不给我们融资——面对这些，为了更清楚地把握现状，只有走访生产一线，询问实际操作的一线工人们。

如今的日产汽车公司，早已成为数据清晰可查的公司。收益率按车辆种类，以及不同的市场分得很清楚，品质和品牌率也清晰可见。所以，和 1999 年当时的情况相比，如今根本不需要去一线收集情报。经营团队的人也不用亲自为理解现状疲于奔命。

但是，这并不代表不需要去生产一线了解实情。虽说不是为了收集信息，仅仅为了知晓员工对于当前公司的态度，也是有必要去走访的。比如生产干劲是增是减、有没有怠工现象、对于公司内实行的战略部署计划是否理解掌握以及这些思想有没有在公司内达成共识等，这些情况都只能通过对一线的走访才能了解。

对员工的意识调查，是为了掌握员工对问题的认知能力

问：我想向您请教一下关于了解员工意识活动的问题。虽然我也知道走访一线倾听员工意见的重要性，但是有没有其他行之有效的办法呢？日产汽车目前又是如何实践着的呢？

日产汽车内部经常举行对员工思想意识的调查。行政委员会也会对员工意识调查的结果进行讨论。

我们究竟是为了什么进行这样的调查呢？如果仅仅是为了知道员工是怎样为了公司而拼尽全力，进而自我赞赏，我想大可不必。在调查结果中，我们能够更好地关注问题本身或者不足之处，并能找出问题应该从哪一点开始改善。因为员工如果认为“公司的这个部分存在不足”，那么相应地通过低分值便能体现出来。那也是我们应当关注的地方。

比如，我们假定现在企业内存在着“日产汽车组织过于繁杂”这样的声音。那么，为了解决组织繁杂这样的问题，我们应该如何

做才好？首先我们必须了解员工认为组织繁杂的问题出现在哪一个部分，也就是说把握住“繁杂”这个词汇的真正意思——是不是认为当前职场的环境不适合愉悦的工作，还是对生产作业的安全性存在疑虑，或者是不是认为电脑程序系统不利于操作，还是会议太多等。这些通过对员工的意识调查，能清楚地通过数值反映出来。在此基础之上，为了更好地理解问题，可以去生产一线和员工当面交谈。这样能更好地设身处地地考虑问题。

4 作为领导者的沟通能力

领导者必须是一个优秀的沟通者

问：您对于领导的媒介、沟通能力的重要性以及具体做法是如何理解的呢？

一个领导，如果不是一个优秀的沟通者，那么他的工作将很难维持下去。比如起草好的一项经营计划或者确定好的战略，如何向员工解释并实行；同时，对外部人员或者媒体，如何使他们更好地理解自己或者自己的公司等，这些交际能力是领导工作的基础。如果在这方面稍有怠慢的话，企业的战略或者其他事业将无法成功运行。

换作过去，领导者即使轻视交流的作用，也勉强应付得过去。那是因为当年无论是媒体还是互联网都尚不发达。社会对于企业领导的认知也是模模糊糊的。

然而，时至今日，领导一言一行被清楚地反映在互联网之中。像 24 小时内，企业领导去哪里见了谁，又说了什么，会清晰无余地传向社会的各个角落。偶尔，与事实完全不相符的花边新闻，也会通过社交媒体传遍大街小巷。

媒体的存在，日渐重要起来。世界在不断走向复杂化的同时，媒体所作的报道也愈发简单起来。因为有太多刚刚发生的大事件，需要迅速有效地传递出去。于是乎，领导的一句象征性的示意可能通过媒体的报道不胫而走之后，最终会让人觉得“这人怎么说话这么幼稚”。有时候，一些简单的小摩擦，经过媒体一报道，会听起来像是引发了一场重大火灾那般严重的感觉。这对于领导者来说，是不得不防备的问题。

像社交平台，包括电视传媒，媒体既对事实不作真实报道，也无法准确传达。并且所谓媒体，总是对头条新闻充满兴趣。所以，领导者在向他们提供信息的时候，最好慎重起见。没有对媒体严苛的管理制度，下场必将自食其果。而员工听了这些无凭无据，但报道起来却很像真实事件的消息，不仅会感到不公，并且会对公司抱有诸多疑虑。

虽说交流只是众多手段之一，但却是最重要的手段

问：您觉得对于领导者而言，拥有良好的交流能力有多重要呢？

对于领导者而言，交流能力是很重要的。不仅是因为领导能力只在以人为代表的团队中才能不断地发挥着作用，而且领导者必须通过交流来发挥领导能力。

领导因由人组成的团队的存在而存在。在这样的团队里，有一起享受共事乐趣的人们。大家也不断分享和感受着“有福同享”的滋味。可以说，能够在这样由人心维系起来的集团内不断为他人付出的人，才是真正的领导者。像在山林里独自野营的人，便不算是领导者。领导能力是通过对话、相互作用以及给予和索取等交互关系慢慢体现出来的。

但是，与人交流，不过是手段之一。交流本身并不是行事的目的。所以，即使一个人的交流能力非常优秀，仅凭这项能力也无法成为一个优秀的领导者。有的人，即使交流能力完全能够独当一面，可是作为领导却十分不够格。

但不得不说，交流是最重要的手段。在人际疏通中，如果有了良好的交流能力，就能迅速地了解对方。如果欠缺交流的能力，可能会向人释放一些莫名其妙的信号。人们必然会嫌弃一个条理不清

晰的领导。

交流能力的提高源于经验和练习

问：戈恩先生，在您的讲话中融合了太多实际经验以及极高的热情。为了做到打动人心的交流效果，您觉得有哪些是需要用心准备的呢？

交流能力是领导者的资质之一。但谁都不是天生就会与人很好地交流的。这是需要用心培养的。人们在累积经验、接受教育或者训练中，会不断地形成适合做领导的资质。交流能力的提高便是其中之一。

交流能力是否具备，通过对方的反应便可知道。就像如果对方拿出手机不时地看一下手机画面，你便会想“是不是对方觉得自己的话枯燥无味”；如果对方打了哈欠，你会觉得“也许我的话在对方听起来实在无聊到想要打瞌睡”。总之，自己在交流中是否独具魅力，通过观察对方，结果自然知晓。

我刚做经理的时候，明显意识到“自己的交流实在太没意思了”。为什么我会知道这些呢？是因为有人在我说话的时候一直打瞌睡。当我意识到“我的话会让别人产生睡意”之后，我立马思考解决的方法。于是乎，我意识到应当努力让话语的内容更精致而有营养，提高自身的交流能力，并在那之后不断地进取努力。

被称为一流运动员的人们为何能获得优异的成绩，离不开他们日复一日的训练。悉听教练对自身不足之处的教诲，听而改之，若实战中再次受挫，那便更能意识到自身不足，进而继续投入时间加紧练习。通过这样的训练，进而成长为一位一流的运动员。

交流能力可以说与之异曲同工。时常不忘实践练习，便能向优秀的交流者迈进。在此之中，一定不要忽视自己诸多不足之处，要多向对方询问自身不足与亟待改善之处等的反馈意见。当然不能对反馈意见抱太过乐观的期待，因为好的反馈虽然会使身心愉悦，但却无法从中成长。

为了改善交流的能力，必须时常清醒地意识到自身的不足。只要身在领导的岗位，这种努力就会如影随形。不论交流的对象是一个才 21 岁的学生，还是其他企业的老总、MBA（工商管理硕士），还是一位年长的股东，不管对方如何，领导者都必须时刻学习如何通过交流抓住对方的注意力。

我在此重申一遍，交流只是手段。并不是说，自身交流的方法大于交流的内容。然而，能让内容更好地与对方互通，提高自身的交流能力显得格外重要。能将组织交流内容和提高交流能力二者紧密结合，便能成长为一个擅长交流的领导者。

轻松一刻

领导者必须长着一张“扑克脸”

问：戈恩先生，您有时候会生气吗？您内心的变动是如何让周

围人知晓的呢？

我也有急得要抓狂的时候。但是，领导者在愤怒的时候，必须要将“扑克脸”的底牌一打到底。即使是领导者，也没有办法时刻保持高度的原始动力，有时候也会抱怨，生闷气。然而，对周围人不动声色，是作为领导者的义务。

当然，对事物抱乐观态度，能够保持高度干劲的一面还是要尽可能暴露出来的。只是，请务必在愤怒至极的情况下拉下一张“扑克脸”。绝不能让内心的波动被对方识破。这是非常重要的。

学术解说

变革的领导者与交流能力

| 太田正孝、池上重辅

变革的领导能力

在历任社长无法担任改革大梁，使得日产汽车无法脱离困境的时候，雷诺的出资，以及戈恩的领导，使日产汽车企业内的改革却在一举之下完成了。戈恩先生在来日本之前，就已经拥有了在雷诺以及米其林的实战业绩，并且在变革中发挥的领导能力多次受人瞩目。戈恩自我解释到，他可以在任何领域引起变革。那么，变革的领导能力又是怎么回事呢？

在迄今为止的企业经营中，可能没有一个组织是通过墨守成规获得成功的。NEC的董事长小林宏治先生说的“安定便是不安定，不安定才是安定”的话，便颇具启迪意义。然而通过组织内部的能力引发的变革本身既复杂又困难（加护野，1988）。

从20世纪80年代开始不断粉墨登场的变革领导能力（Transformational Leadership），可以说，一方面不断巧妙克服着针对组织变化中“按过去经验理所当然的”抵抗，另一方面是通过变化描绘的蓝图，不断引导人们向蓝图的方向前进。这与时下将传统的“站在与下属信息不对等的现状的优势面，把基本实打实的任务，将被人规定的事按规定内容要求拥护者们极力完成”的领导能力，亟待转型为“在领导者自身也不一定比下属手持更多信息的情况下，几乎不知接下来会发生什么的不确定性中，带着极不确定的任务，拉扯着下属们同行”的领导能力的呼声刚好吻合。变革型领导能力通常以企业组织内大规模的变革为对象，特别是将焦点放在立身于顶层管理层的领导者身上。

在扑朔迷离的工作环境下，往往引领改革型（或者王者风范型）的领导能力才能带领组织，给出更好的表现。比如亚利桑那州立大学的戴维·沃达迈等人在2001年发表的研究表明，通过对“财富前500强”（美国《财富》杂志刊登的全美国500强企业）中的48家企业的统计分析，越是下属对工作环境扑朔迷离，王者风范类型的CEO就越能带动整个企业的收益率。

在变革型领导能力不断受人瞩目的当下，松原（1994）将原因归结为两点：① 偶发事件理论并不像当初期待的那样颇具理论说服力；② 面对20世纪80年代日本和德国不断跨步发展的美国，急切期待具有打破当下危机的有识之士。夹在发达国与新兴国之间的日本，当下的环境需要更高的变革领导能力。因为领导能力是迎合时代变化而不断发展壮大的，所以即使在运用时下最引人关注的领导理论时，也要有审时度势的眼光。

人们会不自觉地抵抗自己没法发声或者不能参与的组织变革（科克・弗朗奇，1948），同时，对于和熟知的过去告别这件事，也会因负面情绪而阻止变革。对于这一点，戈恩所说的向拥有变革策略的员工聆听意见，并化繁为简地具体实行策略，就显得尤为关键。戈恩先生并非以上传下达的方式达成变革的目的，而是努力地让员工明显感受到他们自身也在参与着变革。多功能团队（CFT）正如戈恩所说，是公司内部变革的信息来源以及具体实施解决策略的团队。

然而，如今奴仆型领导能力在美国风靡一时。为了充分发挥这种领导能力，前提是必须事先把握员工们的诉求。虽然说按常规的理解，公司员工的存在是围绕工作展开的，然而换个角度，工作的存在，也为了让员工们能更好地成长，奴仆型领导能力也因此产生。这些做法既能够完成组织内部更高的目标，也可以同时实现员工们的诉求和目的。戈恩先生在刚到日本的时候，或多或少充当的是拯救企业的角色，为此他通过聆听员工究竟希望满足什么条件，进而确定了员工能够接受的日产汽车改革的基础方向。

虽然在日产复苏计划中，奴仆型领导能力也带来了有利的局面，但却不能因此一言以蔽之地说其适用于大多数的情况。之所以这么说，是因为在谋求高强度支配型领导的美国，奴仆型领导能力从某种程度上来说更像是反面教材。另外日本虽然极力需求能够打开未来局面的领导，但很少有领导能够担负此重任。根据 GLOBE 的调查显示，各国需求的领导能力类型或多或少和当地文化有着紧密的联系。

在此，我们有必要先确认一下常常和变革型领导能力进行对比的交换型（或者说交易型）领导能力（Transactional Leadership）。变革型领导能力经常被拿来和交换型领导能力一起讨论。交换型领导能力主要以领导和拥护者之间或多或少的互通关系为前提，使得拥护者死心塌地地跟从领导者的能力。比如，政治领袖一般会为自己拉票助力的人，提供一些额外的报酬（比如职位或者其他福利）作为交换条件。也就是说，交换型领导能力让拥护者通过服从领导者的管理，进而获得金钱、物质性的报酬作为主要的交换手段。因此，一般也可将英语的 transactional 直译为“交易型”。

另一方面，变革型领导者并不是已经为拥护者的诉求奔走相告，而是发现潜在的苗头，满足他们更高的诉求。变革型领导能力主要通过领导者和团队使命的实现，进而满足拥护者所得报酬，充满集体主义和精神象征意义。邦世（1978）指出，这样的做法，使得变革型领导者与拥护者的性格品质息息相关，相互形成不断刺激、高度融合的关系，拥护者因此也可转变成领导的位置，而领导直接变成企业未来蓝图的代理人。

交换型领导能力和变革型领导能力虽然从归类学上看相互排斥(添姿&迪瓦娜，1986)，但更主流的观点，是从经验主义的角度看，同一领导自身两者兼具，但程度不同而已，所以二者可以并列地观察（巴士，1985；金井，1984b)。

巴士等人所做的一连串的研究表明，变革型领导能力仍需要王者风范的支持。康格和卡南高一直致力于作为王者风范源泉的行为举止方面，即领导在行动中使拥护者意识到自身王者风范的一面，就已经具备了成为王者的资质。同时他们又将王者风范意识遍及整个组员的阶段，将领导能力分三个阶段做出诠释。

第一阶段，称为“评价现状的阶段”，面对变革需具备哪些必要资质，以及对拥护者的诉求以及满意程度加以评价。第二阶段，“形成目标的阶段”，通过提示公司未来发展趋势，有必要驱使所有员工为达成目标而努力。第三阶段，领导不仅需要强势执行所做的发展趋势，并且最重要的，是要完全不顾及个人的危机意识和成本运行的负担。请大家回想一下，在日产复苏计划发表之初，戈恩实际参与计划执行，并指出如果计划不能顺利完成则立马辞职走人的言论。

然而在日本颇具盛名的研究变革型领导能力的当属哈佛大学的科特。他将领导能力与管理的明确区分作为理论的前提条件，指出领导能力的特征在于：(1）确立方向；（2）罗列培养人才的计划；

(3) 提高动力与主观能动性。也就是说，为了推进变革，领导能力不可或缺。

戈恩指出，虽然“完美的领导者”是不存在的，但是人们眼里“完美的领导者”却是存在着。通过提前发现问题并及时着手处理，让拥护者认为自己“看似完美”，而紧随其后能不断稳步发挥审时度势的领导风范则更能提高拥护者对自身的期待。这样的观点，在目前对于领导能力的研究中虽并没有引起人们的关注，但接下来很有可能成为人们实际从事以及研究课题时必不可少的关键因素。

科特指出，领导者为了让人才更具活力，有必要：(1) 不间断地传达公司未来发展趋势；(2) 使其参与到未来趋势发展的实现步骤中，不断指出自己的意见和判断；(3) 与其努力相匹配的适度支援（比如培训指导或技术反馈等）；(4) 赞赏成功之举，并给予实际奖励。同时，他还指出，领导能力并不能只依托一人独立完成，必须依靠整个集体的力量。在后面会描述到关于共享型领导能力的讨论。然而，未来发展趋势如何在众多领导者当中产生联动，至今尚不明朗。

交流与信赖

通过与戈恩的直接接触，能明显感受他优秀的交流能力。在本书成书基础 GRLP（Global Resilient Leadership Program）中与戈恩面对面交流的人们也说，通过和戈恩的交谈受益匪浅。戈恩自身也时常强调要重视和公司内外的交流。然而，戈恩先生却说他并非从一开始就擅长交流，而是通过自己演讲途中颇感困意的人们身上，看出了自己有改善的必要，并在不断地接受听讲的一方给自己的反馈中积累修炼的机会。

赫斯特和马恩（2004）以小组内部促进交流的侧面，间接衡量领导能力。交流，不仅有着将崭新的情报转述为商业活动中基础的商品以及发展行踪，并以此不断共享、统合的作用机能；同时也为改革创新以及项目表现增添色彩。他将小组内交流促进紧密关联的领导能力类型分为了以下四类。

境界联结（boundary spanning）型： 不仅涉及收集情报方面，而且涉及处理工作调整等和小组以外的关系管理的类型。

促进（facilitative）型： 促进组员参与决定，共享情报、意见，促进开放性讨论会谈的类型。

改革创新（innovator）型： 通过对小组内持有的想法以及现状不断提问的过程，使组员意识到新的机会与尝试的类型。

指示（directive）型： 指示下属的工作，设定由前至后的优先顺序、期限和标准，分配项目内工作的类型。

在日产复苏计划的最初期，不只是戈恩先生，来自雷诺的经营管理团队也意识到同日产汽车员工之间交流的重要性。对此，他们采取了许多开放性的疑问互动。虽然戈恩以及雷诺的经营团队并不懂日语，对日产汽车的组织构成以及日本商业文化也一无所知，但是他们依然坚持重复提出朴素纯粹的问题。据说，在反反复复问出

"为什么要通过这种办法来推进项目的进行""这样做的前提是什么"之类的问题当中，日本的员工们也意识到自己墨守成规的模式中存在着诸多问题，于是自发地开始思索问题到底出在何处。

在这其中，便用到了上述的改革创新型领导能力。在取得别人信赖之前，因为指示型领导能力并不管用，所以倒不如通过改革创新型的接触架构人与人之间的基本信任，显得更有效果。被一个外人叫去做这做那，我想无论是谁可能都不会有干劲。

领导和拥护者之间，信赖是很重要的。从公司外部调派来的领导更是需要和员工形成相互信赖的关系。虽然说在日企中时间越长，越是容易建立信赖关系，但是容许戈恩建立信赖关系的时间却几乎没有。霍兰德（1974）所说的信赖性获得，也是从根本上获得拥护者的接纳才能成立的。关心拥护者们的主观情绪，重视来自拥护者的信赖性（trust），而并非领导的信用力（credit）。

所谓信赖这一概念，形成于宏观与微观的知觉信息，而不只存在于人与人的接触当中。所谓信赖，是指"基于对他人的意图乃至行动抱以积极的期待，并包含对他人脆弱性（vulnerability）的接纳的心理状态"（卢梭等人，1998）。如果拥护者根本不信赖领导者，那就无法接受高强度不确定性或者高风险的行事打算。如果一位领导只涉及纯粹的传统业务，只需要对业务范围内的工作行使影响力，那么信赖关系的有无也无须担心。反之，如果从事不确定因素极大的任务，那么随着实现意图的难度激增，带给拥护者们的不确定性也会提高，进而越需要领导者被拥护者们信赖。

组织内进行若干变动或改革的时候，职务内容以及组织构造的变化也会随之而来。因此，如果拥护者并不信任这位领导者，那么也不会接受这种变革的影响，进而领导能力也不会得到发挥（金井，2005）。

戈恩在当时极有必要在短期内建立充分的信赖关系。而据说，那个时候的日产工作人员对这位有着“成本粉碎机”外号的戈恩先生仍然戒备心十足，担心他会让日产沾染雷诺的习气。然而，戈恩先生比对了雷诺，将日产的利益放在最优先发展的位置，也迅速地获得了这批员工的信赖。据说当经营管理做出一些侧重雷诺而不是日产汽车的言行时，戈恩也会引以为戒，择机向法国总部反馈这些举动。悉数看在眼里的日产员工们，最终选择彻底信赖这位尊重日产的生产方式，并优先选择投身日产发展的外来的 CEO。

CHAPTER 3

指出目标对象

——制定中长期目标，同时解决短期问题

（把握生产现场，制定公司未来发展趋势、目标）

1 中长期目标与短期问题

领导者需要在制定中长期目标的同时，一并解决好短期之内的问题

问：中长期目标和短期问题相互产生矛盾的时候，领导者应该如何是好呢？

无论是什么样的领导者，都需要时常考虑“北方到底在什么方位。进一步说，我们到底瞄准的是什么样的目标”，并传达给所有的员工们。换句话说，需要事先明确中长期的目标是什么，然后再反复地向员工们说明清楚。虽然不用每日如此，但至少要做到一年一次，说明“这就是北边”，告诉员工当前公司必须瞄准的目标方向。在此基础之上，虽说要瞄向北方，但具体要进展

到哪一部分，同时需要达成什么标准，也需要一并解释清楚。当然，也有必要说明为什么要达成这样的目标。

日产汽车会定期制定中长期目标，并反复向从业人员传达。通过这样的方式，可以让员工在做事情之前知道“我接下来这六年以内，需要做什么”。无论是谁，因此都会知道我们需要完成的最终目的是什么。

然而与此同时，每个月、每个季度或者更短的时间所做的目标，都必须给出相应的结果。为什么呢？因为这也会被市场和股东们看见。

有了中长期和短期这两个目标，的确，有时候会遇到两相矛盾的情况。具体说来，我们在 2008 年 5 月，也就是金融危机爆发之前，发表了新一轮的中期经营计划。在这个中期计划中，我们预定瞄准事业坚定成长、多项商品开发及技术开发，从事大规模的投资项目。

然而在这项中期经营计划发表过后的一年，情况又如何了呢？金融机能麻痹瘫痪，世界几乎全部的公司都陷入危机之中。当然，雷诺·日产同盟也不例外。

在此时，相比于以坚实的成长目标为核心的中期经营计划，短期之内不让企业生产停滞的难题成为最先需要解决的问题。虽然说企业长期成长计划和短期不致使生产停滞的问题相互矛盾，但是一旦公司发展迟缓便覆水难收。

于是我们决定，暂停中期经营计划。提高利益的方案暂时搁置，确保现金流的攻坚任务需要集中精力突破。对于从业人员，我们需要通过解释，使他们认识到度过艰难时期采取紧急避让措施的重要性。在这之后，紧急的危险期一旦度过，我们又立马恢复了之前设定的中期经营计划。

所以即使放出“北边在这，快往这儿来”的口号，在不断推进组织行进的过程中，仍然会有不得不中断的情况。一旦遇到，就必须采取措施即时应对当下的情况。然而，这绝不是彻底放弃一开始所说的“往这儿来”的目标。必须要向成员们说明为何在这儿中断的原因。同时，一旦当前的临时状况解除了，需要立马回归之前制定的计划方案。这也是十分关键的。

所谓市场（股东、投资家），严格意义来说，他们会选择无视长达六年左右的计划。因为他们无法相信我们能够完成那么久远以后的目标。他们会说：“相比于六年以后的目标，倒不如给我拿出三个月之后的实战成绩。”也就是说，市场是属于短期思考类型的。对此，我们必须给出短期之内的成果。此外，对于公司内部的人才，需要给出长期的方向性和目标，并使得他们能从事其中。重视员工放弃市场，或者放弃员工重视市场，两者都不可行。只有兼具短期和长期的视角，才是必要之举。

将自己认为“对公司有必要”的事制成计划，并逐步执行

问：戈恩先生，您虽然说给出工作结果，是做领导者的充分条

件之一。可是，要想给出这样的结果，应该如何制定出相应的计划呢？

1999 年的时候，无论是在社会上，还是在日产的员工中，都存在着一种疑问的声音，就是："日产汽车这家公司到目前为止几乎所有的计划都泡汤了，那接下来的变革还会顺利进行吗?"日产的资金链也因为银行不再放贷而危机四伏。但是必须有人为我们出资，否则公司就无法继续生存下去。在这时，如果继续按原来的路子制定计划肯定是行不通的。因为制定原来的计划，必将重蹈覆辙。

也许大家会在意我当时是如何制定出计划的，但其实我在做计划的时候，并没有为员工画饼，说未来会发展得很好。为什么呢?因为在当时那个时间点，根本没有办法预估计划能否成功。相比成功与否，我在认清了可能存在的风险之后，抱着对症下药的念头，制定了一系列的计划。

谁都不能保证只要有投入就一定有回报。这样做既能带来好的结果，当然，也不能避免坏的可能性。作为领导者，必须明确意识到风险的存在，并与之作战。没有挑战风险意识的人就无法成为一个合格的领导者。

与此同时，当我感到"这对于我们公司是极其必要的"的时候，会当机立断、立马执行。尽管会有人说"这样做也太难了吧""这个我们之前都没做过，所以接下来也做不出来"，但依然需要请他们按照制定好的计划执行下去。同时，既然做了，就需要把结果做得比之前的好很多。

虽然谁也无法预知未来的事情能否实现。但即便如此，也必须在意识到会有失败的风险时，对自己认为公司必需的东西，做出决断，制定成任务并执行下去。

2 与公司成长紧密相关的目标设定方式

为了设定一个打破常规的目标，必须事先充分了解公司的情况

问：日产复苏计划也好，中期经营计划也罢，都应该有一个必须达到的目标。戈恩先生，您自己在制定不同的目标时，是如何设定不同的标准的呢？

作为领导者，必须在完全参透了公司所能承受的目标上限的情况下再做出计划。并且，为了完成这项计划，必须不断推进公司的发展。不仅是管理人员或者干部，所有参与制定计划的人，包括领导者自身，都需要参透所谓的“这种程度的计划应该能够突破”的目标上限究竟能够到达何种程度，并以此来设定接下来的目标。

如果很想实现当前的计划，那么，直接设一个大家都能完成的

计划便可。但是，按如此守旧的方法制定的计划，必然换不来企业的成功发展。当然，过于有野心的目的如果无法完成，也会流于形式，最终没有任何实际意义。

虽然说目标的设定必然不能草草了事，但也不能把标准定得太高。在这当中，有一些目标可以接近自身能力范围的上限，所以，必然要按自身的水准来设定目标的极值。不过，设定目标这件事做起来并不简单。

为了设定目标上限，必然要非常了解当前的组织，入木三分，鞭辟入里。

作为第三方插手企业管理时，因为在最开始并不了解对方企业的情况，所以会增大目标设定的风险。但是，通过第一次、第二次、第三次中期经营计划的设定，不断和该公司内部的各种人士打交道，交流各种意见，进而通过自己的身心完全熟知公司的情况。这是属于在感性层面了解并把握公司情况的方法。达到这种程度的了解之后，便能如同拥有一根指针一般，清晰地制定目标的上限。通过感知，能够了解到用力过猛，以及用力不够分别是什么情况。

如果你问下属们“你们能做到哪一步”，他们一般会回答说“我会做到这一步”。但其实下属们能够做到比他们想的那一步还要超前一点的程度。作为领导者，必须要让他们脱离舒适圈，不打安全牌。

修改目标时必须将理由说明清楚

问：可以向您请教一下针对计划以及计划具体执行需要小心防范的事情吗？我们应该如何修改已经定下来的计划呢？

确实，我们会遇到必须修改已经定下来的计划的情况。特别是，考虑到可能受到的来自外部的影响，时而必须为此改变原定的计划。

2008 年下半年，次贷危机引起了全世界经济的下滑。我在当时叫停了已经执行的中期经营计划。2009 年至 2010 年，欧洲发生欧元危机的时候，我们也放弃了几项已经制定好的目标。我们时常需要针对突发的现状即时地作出调整。

但是，不能丝毫不对外人解释，就对计划大加变动。因为如果不加任何解释，人们便会往最坏的情况猜测。这一点是要非常谨慎处理的，请大家务必牢记。没有人会对他们未知的领域抱乐观的态度。绝大多数人会持悲观的态度，并严加防范。如果一直不作出解释，那么人们甚至会编出“这个领导已经放弃我们了”等自暴自弃的理由。为了防止这种局面的出现，在变更计划的时候，请务必将缘由说明清楚。这是最基本的一项准则。

比如“我们身处的环境发生了巨大的变化，所以相应地，我们也需要作出改变加以应对”或者“我们必须顺应变化了的环境”

等，将原因说明清楚，我想周围的人也会觉得“这个领导并不打算逃避现在的问题”。

我想大家已经知道交流有多重要。所以对于为什么必须把计划换掉，以及为什么要另立目标等问题，有时要不止一次甚至两次、三次等不断地解释，来获得大家的认可。我们必须为了获得大家真心的接纳，详细地对变更的缘由作出解释。

企业经营中可以立许多目标——世界前三位、零排放的领导者、全球化

问：戈恩先生，您觉得雷诺 · 日产联盟有怎样的共同目标？是追求到目前为止最高的营业额记录吗？还是打造一个坚实稳固的品牌？又或者是依托清洁环保的新能源车来成为环保行业内的领军企业吗？

目标不会只有一个的。我们可以同时拥有好几个目标。

第一个目标，在我们的联盟已作出表态，将力争业内全球前三，并维持这个成绩作为我们的目标。这并不是说一年或者三年时间内维持前三的记录，而是以持续占有前三的一席之位作为目标。因为我们目前的排名是第四位，所以离我们目标位的实现应该指日可待。

第二个目标，是能够成为一个零排放企业的领导者。我们的实

际业绩表明，我们日产是领先其他所有竞争品牌首先贩卖电动汽车（EV）的企业。这也是我们力争成为零排放领导者这一意图的具体体现。其实不只是电动汽车，燃料电池技术、其他的和零排放相关联的所有技术，我们都在不断推进。总而言之，成为领导者这一目标是以零排放为基准的。

第三个目标，是建立多文化融合的国际化大公司。雷诺和日产的联盟，是汽车制造商中唯一一个由多个文化混合而成，突破国家与文化的界限，并有效运转的全球化共同体。

说到汽车业界的全世界前三名，分别是丰田、大众、通用汽车公司（GM）。我们是第四位，第五位是现代汽车。

丰田，毫无疑问，是世界知名的大企业。然而丰田却不是一个全球化的公司，它只隶属于日本。同样，通用汽车公司也只是美国的企业，大众完全是德国的企业，现代汽车是韩国的企业。与这些企业相比，雷诺和日产汽车的联盟组织是哪一国的企业呢？日本？法国？中国？俄罗斯？巴西？……谁也不知到底该属于哪一国。然而，正因为无法界定企业的国籍，所以才能凸显它全球化的一面。

日产汽车经营团队中，有一半左右的员工是日本人，还有另一半分别来自十几个不同的国家。即使是雷诺，经营团队中也只有一半是巴西人，除此之外的另一半也是由其他各个国家的人组成的。

我觉得这一点十分重要。并且应聘这种企业的求职者也会意识到“没有对于国籍的限制”。在我们的联盟中，有来自世界各国的优秀人才，这也使得全球化的特征在公司内并不是一纸空文。求职者无论是来自西班牙，还是来自荷兰、葡萄牙，都会切身感受到“就职这家企业不需要考虑国籍的问题。只要自己对公司能发挥作用，依然能成为公司的高层”。

为了实现自身的社会价值，必须瞄准高层不断付出努力

问：我能感受到您希望把日产汽车带领到世界前三位的心情。是不是因为您能预想到这一未来，所以才定下了这个目标呢？

我们做企业的宗旨和蓝图是“充实人们的生活”。这可以说是我们最真实的目标。比如，面向现在全球关注的汽车尾气排放问题，我们打出了“零排放”的口号，其实归根结底是出于充实人们生活这一层面的考虑。

那么，我们作为汽车制造商，为了充实人们的生活，究竟应该处于怎样的一个位置呢？或者更准确地说，沽名钓誉的企业必将不会前进，因此也无法为人们带来充实的生活。

如果想实现自己真实的目标，就必须瞄准第一名的位置，或至少跻身前三名。

比如苹果电脑公司。我想大家也知道，此前，苹果公司经历了彻底的一段低迷时期。1984 年，作为公司创始人的史蒂芬·乔布斯被解任，一直到他复出的十多年间，公司作为一个小作坊停滞不前，股价也微乎其微。

在此之后，乔布斯复出。我想那段时期，用我个人的话来说，苹果公司就是一直在做“自我寻找”这件事。然后，一场大的变革突如其来。智能手机的诞生，彻底地丰富了人们的生活。智能手机给人们的生活带来了翻天覆地的变化，人们彻底爱上了苹果的产品。结果，这家企业彻底被盘活。苹果公司股价的市值也取得飞速的发展，并确保了大量的利益进账。之所以发展如此迅猛，是因为苹果公司为人们做了一件大好事，即提供了一种人与人之间的桥梁纽带。正因为给人们带来了实际的利益，所以也盘活了自己的经济。

现在我们也想去实现苹果公司已经实现了的目标。无论在商品、技术还是对接方面，达成目标的手段多种多样。但总而言之，我们要想方设法地去充实人们的生活。倘若如此，就一定能获得相应的收益。

以往的汽车技术和新的信息技术相融合，诞生未来的汽车

问：我觉得汽车业界内不断孕育着“典范转移”的现象。可以预见的是，能将现状发生巨大改变的，应当是软件或是数据。这样的话，目前我们固有的一些认知概念就会受到相应的冲击。戈恩先生，您能说一下，在这样的冲击中，日产汽车会发生怎样的变化，以及您打算怎样变革日产汽车吗？

您问的问题非常好。汽车业界内不断引入大数据运用、互联互通（相互连接性）以及无人驾驶等技术。这些全新的技术，无疑会使得整个业界发生翻天覆地的变化。

然而，汽车技术革新的实现，并不只是依托技术的革新。安全性、操纵性、舒适性、油耗、排气量等基本因素也很重要。这也是我之所以认为谷歌不会是整个汽车领域的龙头企业的原因。因为我们所知道的这些基本组成部分，他们并不关心。

关于传统的设计、安全性、排气、油耗等技术的竞争，接下来还会愈演愈烈。我们必须持续这方面的改善，并且不断统合大数据运用、互联互通以及无人驾驶等全新的技术。能否将二者完美地结合在一起，是竞争取胜的关键。

汽车业界不会轻易忘记持续至今的局面。在这个存在许久的行业中，不再会有新的竞争对手突然出现。然而，汽车业界为了摆脱陈旧的疲态，引进新技术是必经之路。

引入新技术时，运用大数据的数码技术洞察消费者是势在必行的。即使在企业内部，也必须体现这套操作流程。

同时，必须通过不断导入新技术，迎来差别化的改良。五年之后的汽车必将向零排放与无人驾驶的方向发展。为此，历经变革是势在必行的。届时，我们必然会与信息技术企业联手。然而，仅此而已还是过于片面的。为了汽车的未来，对传统技术的改善，仍然需要持续不断的投入。

▨ 轻松一刻

对于刚就任的一块新地方的新鲜感，是我决定从事日产汽车经营的理由

问：戈恩先生，您在决定去日产汽车的时候，听说您对企业的生产状况并不十分清楚。虽然信息不足，并且伴有相应的风险，但您仍然做了来日产的决定，能说说这是为什么吗？

与其说我决定从事日产汽车的经营工作，是因为考虑到要在经营领域好好成就一番，倒不如说，当时面对五五分的成败率，我刚好接受了百分之五十会失败的概率。

我决定从事日产汽车的经营工作，原因很简单，就是一股兴奋的心情在支撑着我。

但这种兴奋的感觉并不是因为我当时想为一个水深火热的企业开展一场复苏计划。对于我来说，能够去一个全新的国度，全新的文化，全新的公司，足矣。将自己置身于地平线的另一端，一个完全陌生的环境，在那里不断地谋求机遇，准备变革，实在是令我喜出望外的事情。虽然那里随时潜伏失败的可能性，但与之相比倒不如说，我更在意的是这种兴奋的感觉。

我当时也为失败后如何采取行动做了相应的决定。在 1999 年发表“日产复苏计划”的时候，我揭示了三条必须达到的目标，即

“2000 年度实现经济黑字化”“2002 年度营业利益率增长四到五个百分点”“2002 年年底之前将汽车产业的负债下调至 7 000 亿日元以下”，并约法三章，若这三条中有任意一项没有完成，我将卸任自己当前的职务。当时的那一刻真是记忆犹新。

担任上层管理的人一旦作出这样的决定，也就意味着如果计划失败，那么此人将不能制定接下来的任务。说得更加直白一些，这项决定就是，如果没有达到必须完成的目标，那么管理这一阵营的职务人物将全部卸任。

当然，我们管理团队做了十足的努力，虽然当时我们并不确信一定会成功。

然而结果还是成功了。虽然在挑战的最开始，我们自身也接受了会失败的事实，但是一旦我们确信成功的概率很大，我们便鼓足勇气，心想：“如果不接受这样的挑战，事后必然会后悔。”为什么呢？因为动用我们所知所学的东西去挑战和引领改革的价值非常巨大。通过尝试新方法、新思路，不断接受着新的刺激。

学术解说

蓝图和战略

| 太田正孝、池上重辅

戈恩先生说，领导者必须思索北边是哪个方位（中长期目标），

我们目标所指的又是哪一块区域。同时将自己思考的，传达给下属们。这其实说的是，作为领导者在蓝图（vision）和任务（mission）之间的权衡之术。无论是蓝图还是任务，这两个词汇都经常被戈恩先生用在表述中长期目标和自身想法之中。然而，两者之间却不怎么进行相互转换。因为两者都被作为影响战略方向性的上位概念。

蓝图和任务因组织和研究者的不同而各有差别。从实际被使用的方法来看，有时会将任务看得比蓝图还像上位概念，有时又有很多实例显示[①]任务被看成更加具体化的一环。在大多数情况下，蓝图一般多用于设定目标的时候，而任务则多出现在企业行动的具体办法中（坎贝尔&杨，1991）。

所谓蓝图，就是一个组织在理想情况下，未来应该具有的样子。广义上说，是组织最终希望达成的地步。也可以说，关于企业未来大体方向的定夺（想成为什么样子）就是蓝图本身。蓝图一般扑朔迷离，人们把这种达成可能性很小的情况称之为“梦”。良好的蓝图前景不仅可以在组织内鼓舞人心，并且可以掌握到企业外参与人的心识活动。埃德温·洛克将成为良好蓝图前景的条件分为以下六点：（1）简洁；（2）明快；（3）带有某种程度的抽象意义；（4）有挑战精神；（5）未来志向；（6）不动摇。

蓝图的声明文，最好短小精悍并容易让人记住。亨利·福特在创立福特汽车之初就描绘过“为了让每个美国的家庭都能拥有汽

---

① 作为欧美圈内经营战略论标准科班人物的希特（2014）等人认为蓝图是上位概念，而任务只是将蓝图这一上位概念具体化。

车”的蓝图，并在此之后被世人知晓。这便是一个极好的例子。现在日产的蓝图是“让人们的生活更加充实”。确实这其中包含了简洁、明快、抽象、挑战、未来志向。当然可能有人觉得这过于抽象。对此，日产汽车制定了相应的具体任务。

所谓任务，就是基于未来蓝图，将组织进展的商业活动和作为对象的顾客明确化，并将企业的根本目的和长期目标说明清楚的概念。任务需要解决两个基本的疑问：(1) 我们的工作所面向的人群是怎样的；(2) 那应该是一份怎样的工作。①

然而，任务书中会有些情况，不仅超过了自己公司预期的长期目标，并且很难用已有的办法达成。也有大部分情况，该公司推崇的根本价值观（core value）以及为了获取竞争中有利的位置而采取的必要行动清单，可以直接通过财务数值上的目标显示出来。

虽然说在欧美圈的企业也时常分不清企业蓝图和任务之间的关系，但是推崇座右铭意识与经营理念等的日本公司可能会面临更加错综复杂的情况。为宣传全球化，将标语表达成英语的话，可能会显得更加混乱。经常能看到因为想要表达太多的东西，比如将企业企图传递的信息、未来发展蓝图、任务、价值观、方式、哲学等和盘托出时，反而使人觉得晦涩难懂。日产的蓝图是“让人们的生活更加充实”，任务是“把充满独立开发、改革创新的汽车及其服务，以明显的优势，创造性地提供给所有的利益相关方”。这些与雷诺

① 有的情况或许会把任务看作公司为了单独发展而使用的胶合剂。坎贝尔 & 杨（1991）指出，任务的定义就是经营战略和企业文化互补时，组织的身份象征以及存在理由。

的提携不谋而合。我们觉得上述的蓝图与这些任务之间有着密不可分的关系。

然而英国、美国的多数调查显示①，是否持有经营理念，对公司表现的差异影响并不大。但是在日本，将企业经营理念明确化的公司，与不具备这些的公司对比之后，拥有明确经营管理的公司营业利益率高出10%，人均收入也明显高出一筹（久保等，2005）。在日本，企业经营理念的有无也与能否给公司或者相关利益者（员工）带来利益密切关联。除此之外，面对相对重要的变革时期，蓝图本身也需要重新拿出来审视一遍。虽然蓝图比较重要，但有时过度沉溺于蓝图的勾勒也十分危险。

① 比如，克莱姆，桑德森和拉夫曼（1991）以英国企业为对象，戴维（1989）以商业周刊中1 000家公司为对象的调查发现，经营理念与公司业绩毫无关系。巴特（1997）认为除极个别情况外，并没有发现经营理念和公司业绩有何明显的关联性。

CHAPTER 4

怀疑传统概念，接纳异国文化，活跃整个组织

——多变、动力

1 外来领导的优劣势

外来人员，在组织临危之际，需要充分发挥自身的强势

问：戈恩先生，您原不属于日产公司，而且是从国外调任来的。我认为“外来的”这一因素本身会有一些负面作用。您是怎么看待“外来的”这一因素的呢？并且，如果有“外来的”负面作用存在的话，您觉得应该如何突破呢？

到目前为止，有好几个从国外就任日本企业CEO的例子。而且从结果来看，的确大多数都不太成功。有很多人是临危受命，从海外调来，最后无功而返。所以，按统计学的话来说，本身作为外国人，是没有绝对的优势的。

那么日本企业的CEO，如果让一个在别的公司工作的日本人来担任，结果会怎样呢？按统计学的说法来看，相比之下，外来的人一般失败容易成功难。这对于外来的人来说是很不利的。

那么外来的人应该怎样克服这些不利因素呢？这的确是一个问题。

首先，显而易见的是，外来的人在就任公司职务的时候，与内部的人相比，明显具有太多劣势。比如作为外国人，不会日语的短板就非常突出。即使不是外国人，从别的公司进入一个新的公司，也会有不了解当前公司风气以及习惯等问题。连会议的举行方式可能都会与之前公司大为不同，所以无法了解许多细节，工作的开头会遭遇各种瓶颈。

但是，更重要的是，从外部调至某公司这件事，有的时候反过来会带来一些积极的因素。我们就以“调到了一个麻烦缠身的公司，就任管理职务”的情况为例子。

有问题的公司，一般问题的原因多数存在于公司本身。比如，“到目前为止，公司上层该做决断的时候迟迟给不出答案，导致公司业绩直线下滑”的共同认知基本得到公司上下一致默认。在这种情况下，一般性的问题与刚调来的外部人员都是没有直接关系的。员工们也不可能把问题的原因归结到自己身上。

这是外部人员的一大优势。外部人员也应当尽可能地最大限度地利用好自己的优势，达到四两拨千斤的效果。

必须意识到外国人作为 CEO 的风险非常大

问：戈恩先生，您在就职日产汽车 CEO 一职之后，其他日本企业让外国人做 CEO 的比例也明显增多。您是怎么看待将外国人任命为 CEO 这件事的呢？

在日本企业内，让日本人做 CEO 是最常规的办法。同样，法国企业也是如此。本来我们就不能忘记，一个企业任用一位来自本国的 CEO 虽然循规蹈矩，但却是最佳的选择。

但是，就像我在日产汽车那样，CEO 也可以是我这样的外国人。首先我们必须认识到，这样做既打破常规，又是风险极高的复杂手段。

那么，为什么要冒如此大的风险去请一位外国人担任 CEO 呢？主要原因在于并没有能够胜任 CEO 职务的本国人。如果同时存在一位日本的候选者和外国的候选者竞争 CEO 职位的话，那我肯定会支持日本人来担任 CEO。正因为这样简便的办法行不通，所以才不得已选了外国人。

我们必须意识到，让一个外国人担任企业的 CEO 既有不得已而为之的原因，同时也是艰难的选择。比如说："在面对必须掀起诸多变革浪潮的时候，作为一个本国人可能并不希望做这些。对此，任用一个以往经验或者背景完全不同的外国人做 CEO，就显得非常有必要。”

再说回我自己，20世纪90年代中后期，日产汽车有邀请第三方的诉求，而且考虑到日本人本身很难发挥第三方的作用，换句话说，我想，也正因为当时无法选日本人带领整个日产汽车，所以才让我来担任这一职位。虽然我作为第三方，并且是一个外国人，这两点都是极不利的因素，但当时我必须接受这个选择。

即使在其他企业，一般也会认为让第三方或者外国人做CEO是风险极高的做法。尤其重要的是，CEO这样的高层如同一个企业的象征。如果这个象征符合周围人们的期待，则不会掀起什么波澜。如果与周围人的眼光不吻合，就会引来“为什么让那个人身居高位”这样的闲话。有时站得越高，越高处不胜寒。

制度没有绝对的好坏，值得评价的只有一项制度是否在一个组织中发挥了作用

问：戈恩先生，您在企业内外深受反对压力的前提下，是如何做到废除了系列企业以及年功序列制度的呢？

一个企业内，必然会有辅助企业运营的制度。比如，（日本的）大企业集团中便有一项叫作系列企业的制度。关于这项制度，我既不否认也不反对。但是，如果这项制度不能很好地在企业中得

以利用，那么我觉得要么彻底废除，要么值得变更。

如果系列企业制度能够强而有效地发挥作用，那么企业成绩也会因此而逐步提高，趋于稳定。可是，如果维持系列企业制度的结果是导致该系列的企业以及企业的生产伙伴产生不满，业绩下滑，那么这种系列制便无法发挥相应的作用。

日产汽车便是系列企业制度无法发挥作用的实例之一。所以结论是最好废止系列企业制度。

还有一点，对于年功序列制度本身的好坏，我并没有考虑过。然而，如果我们施行了严密的年功序列制的话，那么结果必然导致年轻员工身受排挤。所以这是行不通的。年轻人中也不乏颇有能力的人才。如果依托年功序列，将这些年轻人打压在低端岗位上一直不能升职，这难道不是一种变相的歧视吗？

年功序列制度，在尊重长年累月积累了丰富经验和工作智慧的年长员工这一块是很有用处的。但是，如果因此带来对年轻人的打压，那必须视为一个大的问题。

日产汽车内奉行的年功序列制度，也毫无疑问地成为了阻碍年轻人的制度。所以，我义无反顾地废除了这项制度。

其实所谓制度，本身并没有绝对的尺度来衡量它的好与坏。最重要的是，其是否有利于当下这个公司的发展。

2 孕育成果的多样性

多样性本身不会产生成果，而是对其的管控会孕育成果

问：我们该怎么做，才能营造出一种由多样性产生结果的环境呢？如何才能全面地使多样性带来工作的成果呢？

我觉得您问了很好的一个问题。我想强调最重要的一点，那就是多样性的存在本身不会给一个企业带来什么成果；相反，管理多样性的方法会产生实际的效果。很多人经常混淆这两点。

比如，某个企业说“多样性是重要的”，于是聘请了各种不同背景和性别的人。然而，如果同在一个职场的男男女女没法交流的话，也没办法产生结果。正因为有了对多样性的管理，才会带来结果。

我来说一下我们对于多样性管理的一些实际的例子吧。

在发行一款新车的时候，顾客群体里面有 66% 是女性消费者。也就是说，女顾客最终拍板说“好，我就买这台车”的情况，占了 66%。从这个数值来看，汽车生产的核心应该是围绕女性消费者展开的。可是，现实却并非如此。汽车生产商的团体是以男性为中心的。也可以说，通过以男性为中心的群体生产出的新产品，往往是

由女性消费者主导消费市场的。

女性消费者和男性消费者在买车的角度上是很不一样的。比如“GT－R”这款车，男性消费者往往会针对车的款式、发动机的马力择机选车。而女性消费者往往会在意一些男性消费者不太关注的地方，比如车内空间如何、嵌条是否洋气等。

其实像这样针对同一个产品在选购时采取不同的眼光看问题的情况，从统计数据来看也是一样的结果。所以，为满足女性消费者的需求，一般这类产品由女性员工担纲的较多，而不是说盲目地跟风，只追求社会上通行的物品的多样性。如果汽车生产商多多录用女性员工，则可以更好地生产出符合女性消费观的车辆。我们必须为了更好地拓展业务，以理性的观点录用女性员工。

另外，对多样性的管理不只存在于对女性员工录用的办法。日产汽车虽说也是日本的企业，但是重要的管理人员中，除了我之外，还有很多人来自国外。这并不是为了模糊公司的国籍认识，而是为了避免在经营团队作决定时给出同一个思路、同一个方向。所以我们也可以称为一个跨国公司。在全球 85 个国家中，我们在中国拥有 2 500 万辆的市场占有量，欧洲合计 1 800 万辆，美国拥有 1 700 万辆，而日本国内只有区区 500 万辆。虽说是日本的企业，但我们为了打入国际市场，就必须把握住中国以及欧美国家的情况。为此，在这些国家生活，并感受过这个国家实际潮流的人的意见和感受就显得非常重要。

冷静分析完市场的结果是，必须积极录用女性员工

问：戈恩先生，听说您一直很积极地致力于日产汽车对于女性员工的提拔。作为一个组织，怎样公正公平地推进女性员工从事企业生产呢？同时，女性员工应当是怎样的观念模式呢？

关于录用女性员工这一点，大家都给了最真实的意见，比如“根本没有必要录用什么女性员工”“不不，女性员工也很重要”等。同时，这些意见当然也适用于男性员工，而且女性员工不只有年轻人，也有上了年纪的，所以对不同的人评价方法也各不相同。

在职场中，男女性员工一样活跃，这样的局面就是企业中的多样性的直接或间接的反映。日产汽车在 2004 年设立“多样性发展办公”，从制度上谋求多样性的推进。作为多样性的制度之一，我们指出：“要灵活地掌握男女做事不一样的地方。”

首先，我们冷静分析了市场的形势。正如刚才所说，我们从分析中发现市场上卖出的车辆中，有一半以上是女性消费者购买的。全世界在 2013 年的需求量是 8 400 万辆。也就是说这其中有 4 200 万辆是被女性消费者买去的。在还没有讨论女性员工录用的重要性之前，我们先认识到了这个事实。

我们试图考虑了买车的人会以什么样的条件来购买，以及对于这种情况，我们又该怎样提高商品的魅力。于是，我们渐渐意识到

女性的重要。我们必须通过善用人才和资源的方法参与竞争。因而我们愈发清晰地意识到女性员工将发挥重大的作用。

按这样的逻辑来看，大家都能确信："对于日产汽车来说，女性是必要的。"那么，这种必要性应当如何体现出来呢？我们具体实行了两件事。

第一，我们确定了女性录用比例的指导标准，并想方设法地保持一定数量的正式女性员工。比如，我们有时候即使想着"我要多多录用女性员工"，但却没能发现那么多合适的人选，最终的结果还是男性的比例明显大于女性。为了避免这种情况出现，我们设想了一个比例："假定新毕业的录取总人数中，学理科的女学生录取率为15%。"按这个标准，如果我们录用了85位男性工程师，那么相应地我们也会录用15位女性工程师。

第二，培养后继者的计划中，我们设定了"后继者候选人中最少有一个是女性"的标准。如果我们没有发现合适的女性人选，那么我们将对公司内部的女性员工进行专门的培训，或者从外部调任一位能够担当候选人的女性。

通过设定以上这两条规则，我们的公司发生了很多的改变。占据管理层的女性比例从2004年的1.6%，变为现在（2016年4月）的9.1%，这个比例还在稳定地提高中。

说到录取和选用后继者是确保女性比例这一层，难免会有人觉得我们是为了录用女性员工所以才徒劳地做这些。其实，并非如此。我一直认为录用女性员工，是为了能够实现持续有效的企业发展的目的，而并不是凑热闹赶潮流地盲目录用女性员工。这样不仅能确立一种发挥作用的新格局，并且也能为企业源源不断地产生价值。

安倍晋三总理大臣也公开发表声明说："在2020年之前努力将占据领导地位的女性比例上升到30%。"我觉得这样的想法虽然颇具野心，难以达成，但即使如此，我仍然感铭于心。毕竟设定一个促人奋进的目标，终究是一件好事。

接下来，说到女性自身面对活跃于公司事务这件事，如何管控自己的观念模式，我个人觉得，观念模式始终都在变化着。然而，观念模式也是按照合理正确的方法不断变化着的。原本我们为何要让女性也置身于管理层的位置，我想，通过以上说明至少可以让你们信服。这其实与我们自身的个人情绪或者意见无关，而是通过对现实客观冷静的分析，进而使我们意识到应当重视女性录用的必要性。

3 汇集全球化人才的多样性

为了保留日本的DNA和参与全球化能够同步进行，必须足够重视日本和外国干部的平衡关系

问：戈恩先生，您对于日本的商业人士成为全球化领导的期待

是如何的呢？

我之所以特别对日本人成为全球化领导者寄予厚望，是因为日产汽车是日本的企业。这就跟雷诺是法国的企业，所以会希望法国人成为全球化领导者一样。对于某个国家的某个企业，比如在日本国内的日本企业，领导应该重点思考的是，如何将这个国家的人培养成为全球化领导者。

日产汽车作为日本的企业，我希望还是能为企业留下一些属于日本的 DNA。然而同时，日产汽车也必须成为全球化企业。为了使这两者成立，日本干部员工和外国干部员工的良好配比就显得十分重要。如果仅仅有日本的干部，便无法成为全球化企业。同样，如果只有外国的干部，则不能保留独属于日本的那部分 DNA。

按照我个人到目前为止的经验和感觉来说，依照目前的状况，日本人和外国人干部员工的比例应当五五分。如果日本干部员工超过了 50%，企业在开展全球化进程的时候就会遭遇瓶颈。另一方面，如果没有达到 50%，作为一个日本企业就显得力不从心。以此类推，如果雷诺的法国干部员工没法达到一半的比例，那么企业也难保属于法国那部分的 DNA。不过 10 年之后这样的比例也许会大不相同。

承认国民特征明显不同，在此基础上建立一个谁都能自然而然融入其中的组织

问：日本人即使自身立志成为一个全球化领导者，也很少将“我要成为一个全球化领导者”的志向表达出去。这和彰显自己意志的外国人形成鲜明的对比。您是怎么看待日本人的这种思维活动的呢？毕竟我个人感觉，在一个多文化构成的组织中，日本人似乎一直是低调的存在。

国民性有差异。可能一直在美国接受教育的人总是会积极地张扬自己的主张，并且会有标榜自己的倾向。另一方面，如果一直接受的是日本的教育，或多或少会让人变得老实而不显眼。这也许就是谦虚的体现吧。像这样的国民性本身，我觉得并没有什么不好。倒不如说，和这些差异巨大的国民性做对接的人必须面对现实，做好工作。

日产汽车和雷诺之间，一直举办着“联盟董事会议”。虽然说出席的日本人和法国人数量几乎相同，但是在最开始的会议过程中，总共 60 分钟的时间内，法国人的发言占了 55 分钟，日本人的发言只占了剩余的 5 分钟。爱彰显自我主张的法国人以及不爱出风头的日本人的国民性便清晰可见。

对此我觉得：“这必须要有所改变。”于是我告诉法国人：“要

注意收敛一下自己的个性，好让别人也能发表自己的主张。”反过来我也告诉日本人：“要更多地表达自己的主张。”最初我自己牵线搭桥，希望维持一种平衡。不过在那之后，他们相互感染，发表主张的数量差距也在不断减少。现在的会议基本上比例刚好。

调整国民性差异，是指趋于平衡的做法，最好不要让别人感到是人为刻意的调控，而是随现实自然而然地维持这种平衡。由董事会组成的生产委员会中，西班牙、英国、美国、法国各一人，日本四人，同时还有我出席，大家都能找到“自己”熟悉的那种氛围。因为董事会中日本人占大多数，所以难免会偏向于日本，但是这样的组织是自然而然形成的，人们在这种环境中能够自如地提供自己的主张，作出相应的决定，并参与问题的解决。

4 提高员工们的动力

并没有“天生的只会唯命是从的人”，而是企业的环境硬逼出来的

问：在参与议论的场合，有些人总会为了改善企业或者职场而积极地提出策略。另一方面，也有对领导者言听计从的人。这些唯命是从的人，我们应该如何做对接工作呢？

对人说话唯唯诺诺唯命是从，其实是日本社会独具象征的一面。

如果一个企业存在许多这样的人，领导也根本不会考虑如何去面对这种人。总是被“是的”“您说的对”这种声音包围的环境，是无法给出高质量的成果的。为了提高产量，就必须与人讨论。通过与人讨论，询问对方“你是怎么考虑的”“你觉得有没有更好的解决办法”“你的方案是如何的呢”等，得知各种意见之后，领导便能给出一个最佳方案的决断。

唯命是从的人，即使内心里非常抵触领导或者上层所做的计划，也不会面露反对的神色。他们时刻揣摩着领导或上层的心思，只说一些“您说的对”之类的话语。如果一个团队中有过多这样的人存在，不仅会带来许多问题，也会增加许多碰壁的风险。领导者也会一意孤行地认为只要是我想做的就得去做，而不是基于客观事实加以分析。

我认为没有一个人“天生只会唯命是从”。但这样的人确实存在的原因，便在于企业让人变得不敢说出自己真实的感受。成为这样的人，是因为企业的氛围告诉他“在这个场合最好还是别说出自己的意见”“我要是在此唱了反调必然会给自己带来许多麻烦”等。

企业为了不谋杀人们表达心中意见的欲望，倒不如反其道而行之。多对那些唯唯诺诺的人说一些“你刚刚提出的意见很有效果”“只要分析是基于现实的便可以”之类的话语，或者“你自己所做的工作的确很重要，但如果你能给出自己的意见，我们的工作可能会更加好做。我会很尊重你给的意见”等。他们的意见如果能给作出好的决定提供一臂之力，一旦用言语表达出来，他们便不再是唯命是从的人。因为他们意识到“自己所做的工作是很受领导重视的”。

人生的目标有许多，动力将这些目标连接起来

问：对于戈恩先生您来说，即使面对层出不穷的问题，您在面临不得不解决并突破的情况下，是拥有怎样的动力去完成的呢？在您看来最终让您持续不断地输出动力的是什么原因呢？同时，您最后希望得到什么样的结果呢？

不管是什么人，他的人生目标都绝不只有一个，而是同时存在好几个。所以目标并非单数，而是复数般存在着的。

我过去也是这样，刚开始工作的时候，最大的目标就是为了维持生计不断赚钱。因为如果这个目标都不能实现的话，那我们只能露宿街头。我想这个目标是很清晰易懂的。

还有一个目标，就是为人们贡献出自己的力量。更具体地说，我希望用自己的力量创造一种与以往不同的价值。

在这之后，接下来的人生目标，是希望为我的家人发挥自己的作用。比如为我的孩子树立一个正面的榜样。没有结婚的朋友，可以将家庭置换成公司的情况来考虑。其实成为一个聚落，或者教

堂、寺院的人们的榜样，也可以作为人生追求的目标之一。

我再次重申一下，人的目标是有很多个的。既有公司内自己的人生目标，也有公司外的目标。能将这些目标连接起来的起心动念，便称之为动力。

接下来，大家可能会这么觉得："戈恩先生，您都在日产经营了这么多年了，为什么还想继续拓展经营呢？到底您的经营目标是什么呢？"

回答之一，是希望回升日产的销量，也就是说，不只单纯地重新建立些什么，还包括复苏的部分。不过回升战略虽然带来了业绩的回升，但在此之后，也不过只维持了三年左右的良好发展势头。另一方面，所谓日产复苏计划，是指业绩像"V"字形恢复之后，依然能够维持十五或者三十年的情况。实际上，通过这些努力，日产汽车的规模不断扩大，经营不断健全，资产也在不断增加。这些由日产复苏计划带来的好处，还需要不断持续下去。

还有一个目标，就是通过连接以及组织体制和团队的确定，愈发促进联盟的发展。就如同日产汽车和雷诺两个不同地区的公司在同一个平台相互促进，产生相乘效果那样。对此，有人会质疑："不会产生什么问题吗？""戈恩先生一旦辞职的话我们接下来要怎么办？"然而，能把这个联盟做到进一步的推展，只是我的下一步计划。这也是非常重要的动力来源。

还有一点，企业活动中，偶尔会发生一些突发事件。当然，动力的产生也不会脱离于这些实际的问题。正是通过将危机转为公司发展的前进动力的想法，动力才会不断地涌现。在 2008 年以后，我们面对了更多的悲剧和难题，也承受了许多现实的打击，比如金融危机、日本东部大地震、欧洲的欧元危机等。在此期间，层出不穷的问题似乎每半年就会出现一起。也就是说，化问题为力量的思考方式，也不断壮大了我们自身的动力。

能让人们对厌烦的事情持之以恒不断实施，才是真正的领导能力

问：当您在制定了相应的策略之后，进而实施日产复苏计划的时候，我听说，您在短短两三个月的时间内，一直往返不停地在生产一线跑动，并最终发现了企业问题所在。那么，为了在短时间内发现企业的问题，您觉得应该如何做才好呢？

首先把握问题的本质，并不是一件苦差事。因为只要你去了生产现场，谁都会告诉你他们口中经常抱怨的问题，大体都是“我们生产部门的人工作做得都不错，就是开发部门的人迟迟给不出好的点子，营业部门的人也不肯动弹，所以公司才会经营得这么不好”等等，通过自己的工作了解到的别的部门或者员工不司其职的话题。

那么，我们就会据此向开发部门的人取证。可他们又会说：“生产部门的人一味地把生产成本看得很重，根本不打算使用高性

能材料。”同样，营业部门的人又会说：“这个产品的理念已经跟不上时代的发展了，而且其他部门也从来都没有按原计划将产品弄齐全。”

各自反馈的问题中，体现的全都是最现实的情况。这看起来有点相互推诿的感觉。比如，让他们谈论公司的问题，他们总会把责任推卸给其他的部门。所以，通过听取全部部门的意见，则能渐渐对公司产生整体的把握。

更重要的是，在把握了问题的整体之上，接下来便是如何安排解决策略的优先顺序。

我在1999年刚来日产汽车的时候，曾经让所有的员工提出他们觉得有问题隐患的地方，结果我们收到了3 000多条意见。面对3 000多条意见，我们无论如何都无法一一对应，所以我们采取编排优先顺序的办法。比如3 000多条意见中抽取最重要的5条。“20%的因素影响全体的80%”这套思想在经营当中也是成立的。解决影响力越高的问题，进而产生的效果也越大。

比如说，对于汽车生产商而言，零件的采购方式十分重要。之所以如此，是因为采购的成本，相当于卖出价格的50%的份额。所以，即使解决了很多其他问题，而偏偏无视采购这一方面的问题，那也无济于事。实际上，我们全力以赴汇总的五个问题中，有一个就是来自采购方面的问题。

领导的作用，相比于发掘问题存在的位置，倒不如说主要体现在调整解决问题的先后顺序上。发掘问题，即便领导自己不提，底下的员工也会说给自己听，甚至会打一些其他部门的小报告。

在立好了优先顺序之后，下一步便是让所有成员都参与到选定的问题中来，并动员他们达成已设立的计划。问题的解决绝对不是领导自己能够独当一面的。为了让成员明白问题亟待解决的必要性，以及形成自觉参与其中的意识，领导需要有“演绎”的本领，也就是为员工做出“该有的姿态”。

为了解决问题，有的时候必须要成员做一些很艰难的或者他们根本不想做的事情。而且为了鼓舞士气，必须让他们充满斗志地完成这些事。这便是经营团队的工作了。所谓成功的领导者，就是在成员对某件事并不感兴趣的时候，仍然能让他们充满干劲地将事情做好。如果是成员自己想做的事，即使领导不说，他们自己也会去做。如果这一切都在有条不紊地进行，那也不需要领导的存在了。

比如说日产，有时不得已需要关闭一些工厂。谁都不想当着在工厂工作的几千名操作工的面说：“我们要取消这个工厂。”也不想对 1 500 家提供商说：“接下来我们将不能和你们继续从事贸易工作。”更不想对消费者说：“您所购买的车，我们即将停产。”然而，如此艰难的事，确实都是领导者必须面对的。

到目前为止，我所钦定的领导者，都是在公司面对再大的艰难险阻的困境时，依然能让员工保持高度干劲从事生产的人。因为这才是真正的领导者。

真正的领导者能够在危机中作出艰难的判断，让人克服懒惰，最终将事情做成。最重要的是，能源源不断地输出结果

问：领导能力的本质是什么？为了具备领导能力，有哪些事情显得非常重要？

所谓领导能力，在越危险的状况下就越重要。而危险的状况，一般是在自己预料之外的事发生时产生；或者即使是事先早已预料到，但因为准备不足导致危险产生。

而在如此情急之下，员工们一般会把自己的上司，看成是能够发挥领导能力的领导者；或者相反的情况，认定没办法处理现状的上司是没有领导能力的人。

那么为了摆脱险境，领导应该如何做才好呢？那便是作出艰难的意志决定。比如关闭工厂、裁减员工这样的事情。其实即使人们知道这些事势在必行，也不愿意亲自去做。但是，领导的工作按照要求，必须做到这些。这样的意志决定，与其说是经理的工作，倒不如说是一个真正的领导者应该做好的分内之事。

英国人为什么会给温斯顿·丘吉尔至高无上的评价？正因为当时情况千钧一发，作为领导者的丘吉尔得到了英国人的支持。他们谋求的是能够为他们保驾护航并引领成功的领导者。

领导能力，必须将人们引导向成功或者胜利。然而，为了获得成功或者胜利，领导必须具备在艰难险阻下做出意志决定的能力，其他人厌烦的决定依然能够果断拍板的能力，以及能让人们充满干劲地去做他们不想做的事情的能力。这些都是领导能力的核心。如果一个人给别人下达的任务并没有引起人们的干劲，那便不能称为一个称职的领导者。领导一般会向员工们呼吁："大家齐心协力，加快进度去做吧。虽然这会有点困难，但是我们一旦突破了眼前的关卡，那么我们就会获得相应的成果。"虽然员工们听闻后还是会有些畏难情绪，但最终还是付出了具体的行动。如此，便得到了预想的结果。

如果像这样，能够不断地得到工作的成果，那么此人的领导能力也会受到众人的赏识。而且真正的领导者，相比于给出一次成果的人，他会持之以恒地给出更多结果。如果来回三次都是先有干劲而后低迷以至于不前进的话，那也不能称之为源源不断地给出工作成果的领导者了。给出生产再创造的成果之后仍然能不断成长，才能叫作真正的再生产劳动。

日产汽车的生产再创造是货真价实地在进行着的，并且我们不断地增长着汽车制造的数量以及公司股价。虽然从低谷中成功走出是很关键的，但在此基础上，往后的 3 年、5 年或者 10 年，引导企业持续不断地成长才是真正的可持续发展的领导能力。

5 动力的源泉

动力的源泉，是懂得贡献和不断学习

问：听了戈恩先生您的话，总感觉有源源不断的干劲。我们该如何维持这种工作的动力呢？

接下来的话也许对谁都适用，那就是，高涨的动力可以分为两种情况。一种是“实际感受到自己在为某一件事贡献自己的力量”。这可以适用于任何公司中的任何人物，包括领导和下属。

因为公司内部的评价机制，也和这种来自“贡献意识”的动力密不可分。具体体现形式，就是判定一个员工对公司可以贡献出多少自己的力量。基于这样的判定，进而给所有员工加油打气。而且本人在得到公司的认可之后，也会以更加高涨的动力，作出更大的贡献。

当然，这样的事情也适用于我自身。我也是一想到自己“不断投身于日产汽车的成长壮大中”“贡献于和雷诺的联盟之中”或者“不断作为大家的正能量，贡献着自己的力量”等，就会血脉偾张。

另一种高涨的动力，是意识到自己正在不断学习的过程当中。这相对于第一条的贡献意识，重要性也许会小一些。但是，意识到自己通过学习可以不断成长，进而产生干劲却是能够实际感受到的动力。

所谓学习，并不仅仅只能通过书本才能获取知识。积累经验同样能使水平有所长进、经营能力得到提升。其实体会到这层感受，动力也会增长。

我觉得自己之所以能够长期从事这份工作，是因为我意识到这其中有许多值得我学习的东西。正因为自己能意识到作为专业人士可以从中学习很多，所以才能持续从事这份工作。在进行同一份工作时，也会经常有机会学习新的技术和工作的方法。另外，整个人也会更加活跃。这都与动力的持续性有关。

正是有了“贡献意识”与“学习意识”这两点，才有了源源不断的动力。

高涨的动力，与企业的经营直接关联

问：戈恩先生，您个人的动力是怎样和企业的经营联系起来的呢？

你周围的人，会通过你的举止联想和理解出你的公司是否成功，或者对市场投入了多少。假设你是一个工程师，在公司娴熟地开发着技术。于是乎，你身边的熟人，会通过你奋斗的样子知道“这个人的公司真是了不起，居然在开发那么高端的技术”。

也就是说，你自身工作的样子和公司的业绩，与你周围的社会小团队直接挂钩。而且你所知晓的这些情况，也会直接成为自己动力的来源。

职位的上调，也会更加直接导致自己工作的状态与公司业绩之间的关联性。比如，日产汽车一旦在竞争中落得一败涂地，那么自己就会产生一种负面情绪，觉得“自己犯了一桩大问题”。随着在公司中职位的上升，责任意识会愈发沉重，自己也会意识到目前工作的一举一动都会直接和公司的业绩相关联。

所以，从某种程度上来看，就职于高职位，自己的职业生涯和个人生活甚至难以分割。这两者之间会产生相当强烈的连接关系。

如果你的这份意识十分明显，那么当你的公司产生了不可小觑的成果时，你也会感受到自己和公司十分明显的关联性。另一方面，当自己公司的业绩呈现某种趋势的时候，你自己也不会只认定自己是个了不起的人物。自己和公司之间必然存在某种联系。只是自己的职位越高责任意识越强，这种关联性也就会越明显。我也不是例外。

工作的动力，来自于工作以外的时间

问：戈恩先生，您如此高昂的动力是如何保持的呢?

担任领导，总是沉溺于工作也不好。因为外围的工作也需要对工作抱着持之以恒的动力。当然除了待在公司之外，还有自己的日常生活需要打理。我们希望日常生活也能转化成为工作动力之一。

比如，妻子、小孩以及父母长辈等家人的存在，也和工作的动力输出息息相关。同时，运动、地域社会圈子以及对于地球环境的贡献活动、技能训练、读书等等，都和工作的动力紧密关联着。适当地从工作中放空，对于培养工作的动力也必不可少。

从这一点来看，我其实很幸运。我的四个孩子，现在都已经长大成人并离开我们，之前下班后和孩子待在一起的时间，实在是非常幸福的。他们不会把我看成是“CEO”。从工作环境中完全脱离出来，陪小孩一起玩耍也是很重要的。如果别人一直把我当成是“CEO”，那么我就没法从工作当中放空自己。只有对方把我当成是“丈夫”“爸爸”的时候，我才可以从繁忙的工作中抽出时间放松一下自己。

就像“所谓音乐，就是由音符与音符之间的停顿形成的”所说，音符之间的停顿既不可轻视，又必不可少。

人们希望领导能力能够具有一贯性，并不只是在某一回像登上一个大舞台那样用尽浑身解数把领导能力发挥得淋漓尽致那样，而是必须在任何时间任何地点都能持续不断地发挥领导能力。在场合切换的过程中，喘一口气，做一些与日常工作不同的事情，就像给自己好好呼吸了一下，这种放松是非常重要的。

▒ 轻松一刻

合并联手不能分出孰优孰劣

问：为了让雷诺和日产汽车持续产生相乘效果，我觉得这不仅需要做各种调整和分配，还需要足够的动力。所以，我觉得相比于“提携”，不如说“统合”为一个企业，可能从各个方面来看都会显得更有效率一些。然而，戈恩先生，您却一边将雷诺和日产区分得十分清楚，一边希望他们二者同时产生相乘效果。能解释一下为什么要这样做吗？

这是一个很重要的提问。我自己也是从 1999 年以来，不断在问自己这个问题。我经常想：“雷诺和日产之间，是不是相比于提携这层关系，用统合的手段会更好一些？或者说废除提携这层复杂的制度会不会更简单清晰一些？”……所以，从字面意思来看，你说的应该是准确的。但也仅仅是从字面上看……

不过，你只要从现实来考虑的话，统合雷诺和日产这种想法明显就是错误的。为什么字面意思和现实会有如此大的区别呢？接下来我来解释一下。

就字面意思来看，“两个公司，在机能方面有许多重复的地方。所以统合起来会更有效率一些”。于是，也可以计算出如果统合成一个新的公司，吸引多少员工可以确保企业的正常运营。

可是，一旦统合，就要面对更实际的情况。比如，假设法国的公司和日本的公司统合时，我们折叠了日本的公司，对法国的公司说“剩下的事情就由你们来操作吧”，这样真的好吗？同时，对日本企业工作的日本人解释说“我们这个决定是没有问题的”，这样做合适吗？现实世界里，这么做会发展顺利吗？

我特别希望大家意识到的是，所谓“相乘作用”并不是“决定”带来的，而是“实际行动”中体现出来的。为了让员工采取“实际行动”，我们必须要让他们拿出十足的干劲，鼓足动力。绝不可以时而让这些员工担心“自己会不会失业”，时而让整个组织处于“我们今后该怎么办”的不安当中。

相乘作用必须是在双赢的前提下才能成立，这点很重要。如果“我们赢了，同时你们也能赢，所以我们一起联手吧。因为我们对于利害关系的关心程度几乎一致，所以我们可以互通更优良的零件，将成本压得更低”这种对话局面不具足，相乘作用也不会产生。

雷诺和日产从 1999 年以后，几乎没有大的波折，一直维持着良好的关系。之所以如此，是因为雷诺和日产一直是生产伙伴的关系，进而能集中精力实际付出行动，并给出结果。

戴姆勒-奔驰和克莱斯勒在 1998 年合并的时候，时任梅赛德斯 CEO 的于尔根·施伦佩就指出了“对等合并”的主张。然而，2007 年的时候这个关系被解除了。同时，三菱汽车和戴姆勒-克莱斯勒在 2000 年业务提携的时候也同样指出了“对等”的字样。

虽然字面意思都是“对等”。但是现实世界中，施伦佩仍然带有实质性地指出：“所有的决定都必须由斯图加特单方面来做。”

当我们说出合并这一话题的时候，在三菱汽车工作过的人们又是怎么想的呢？我想他们应该会觉得：“我自己会为了一个德国的企业，和一群我素不相识的人牺牲周六周日的时间忙不迭地工作吗？我真的不想为了一个利害关系、关心的境况和自己完全不同的人工作。我就想为了自己的公司、品牌以及国家工作。”我想这也是三菱汽车员工们的实际动力所在。

戴姆勒、克莱斯勒以及三菱汽车的关系中，显然戴姆勒更胜一筹，同样稍显逊色的便自然而然是剩下的克莱斯勒和三菱汽车。然而，最终得到的却是大家都亏损，一起业绩下滑的结果。三菱汽车既损失了时间也损失了金钱，克莱斯勒在 2009 年便开始显露经营的破绽。作为暂时赢家的戴姆勒，因为自己的努力需要分散到别处，所以到自己公司在市场上抬头为止一共花了 10 至 15 年的时间。产生输赢两方的举动本身就是给所有人招损的行为。

即使向员工们呼吁“合并之后，大家还需要不断努力”，但是，在没有告知实际的利益之前，谁都不会给自己回应。而且更糟糕的情况是，也许合并之后大家会越发对自己的组织毫不关心。

所以，在呼吁大家“合并之后还要努力”的同时，需要一并告之“合并后的公司，依然还是属于你们国家、你们自己的品牌，以及你们自己的公司。合并的受益者依然是你们”。这么说，员工才会有动力。

日产汽车的员工们，是为了日产而努力工作的，而不是为了雷诺。正在为了自己引以为豪的、自己从属的公司，自己的品牌与国家而努力着，所以也可以说是为了日产在不断努力着。

同样，对雷诺的员工们也可以这么说。他们为了雷诺，引以为豪地不断工作着。为自己不想干的外人工作，只会遭到相互的厌恶。

如果这两个企业合并了的话，无论哪一边的从业人员都会觉得："这是双赢的事情，所以合并吧！""就这么做。"合并绝不能让人觉得受到了威胁或处于恐怖之中。

学术解说

外来性、多样性以及动力

| 太田正孝、池上重辅

外来性

日产汽车由戈恩先生完成了日本社长无法完成的变革，有人认为这是因为外来的人反过来很少受到人们的指责。其实，戈恩本人也承认，外来的人临危受命的时候，不必为企业的过去承担责任，所以可以很轻松地从事新的尝试。然而，并不是说所有从外部指派来的人都能获得最后的胜利。戈恩也说到了一些外来者的不利之处。我们在考虑外来的领导者时，“Foreignness（外来性）”的概念显得十分关键。

外来性是一个适用于到目前为止大部分的多国籍企业的概念。海默（1976）指出，多国籍企业的海外分公司被当成与国内企业不同的存在，所以渐渐受到和国内企业不同的对待方式，并将其称之为 Liability of Foreignness（LoF：外来性负债）。所谓外来性又分为外在的外来性和内在的外来性（乔达等人，2014）。这两个种类的外来性在规制、规范、文化、认知、竞争等方面有别于本地企业，进而使多国籍企业在受理国获取正当性（legitimacy）时遇到更多困难(登克等人，2012；伊甸 & 米勒，2004；乔达，科斯托娃 & 吴，2014)。

从海外引入的企业，往往不具备对当地社会共有的知识见地、当地的社会网络以及当地的人脉关系（伊甸 & 米勒，2004；乔达等人，2014；罗 & 梅齐亚斯，2002；米勒 & 帕克，2002；索夫卡，2006)。当地社会网络包括同行企业、供应链、物流以及调查组织等多个不同的领域（安德森，福斯格伦 & 霍尔姆，2002；索夫卡，2006)。对于企业和当地保持的必要关系中，包含业界习惯、规制、影响企业活动的行政机关、劳动组合以及业界团体。但海外调派来的经营干部，却没有当地组织中熟络的人物（c. f. 查希尔 & 摩萨考瓦斯基，1997)。如此，外来者的市场定位就是只具备对外的外来性。许多的 LoF 研究都是围绕对外的外来性展开的。

除此之外，多国籍企业加入主办国的时候，会带入该企业所在国的（企业的）内部构造、途径、规范以及战略等情况（罗森茨威格&辛格，1991）。同时有人指出本国企业的特点会通过总公司的管理和组织传统等不断地与主办国的特点交织在一起（巴特利特&戈沙尔，1989）。我们将这种和总公司之间的联系称为对内的外来性。然而这部分的研究并没有什么进展（乔达等人，2014）。如果对内的外来性适用于某一位经营者个人，那很有可能意味着这位经营者会受制于过去所在企业的某些经验。像因为企业被收购进而从外部调派经营者的情况，会试图迎合收购企业的做法（将雷诺的手段强加于日产），或者因为换工作而被挖墙脚后不自觉地使用前一任工作的做法，便是这种对内的外来性的实例。

克服LoF的心理机制，相关研究往往通过组织内相似过程的同形化（isomorphism）来完成。多国籍企业在其内部也会伴随时间的发展而不断地使其独自的发展路径和企业活动迎合当地的活动、价值观以及规则（科斯托娃&罗斯，2002；罗森茨威格&辛格，1991）。从对外的方面来看，海外分公司与当地企业的提携或者伙伴关系，也可以强化与当地社会的交流网络的深入（embeddedness）与关联性（安德森等人，2002；沙纳&马兹涅夫斯基，2011）。在组织所处的环境中不断需求正当性的结果，会使得组织逐步类似于当地的企业。

同形化虽然是一个十分有用的概念，但据此完全克服LoF却并不容易。从国外引入的企业即使学习了当地的语言以及公式化与非公式化的规则、当地的文化与价值观，也常常因为外来的身份，被人当作不一样的存在（海默，1976）。就当地人来看，他们只是一个“陌生团体”（伊甸&米勒，2004；亨纳特，1982）。

同形化依然适用于外来的经营者。在获得组织内的正当性以及回避短期风险时，吻合组织原本的行事风格的做法会更显得对接流畅。然而，这样一来，变革便无从说起。近年来，对于国际商业的研究显示，越来越多的主张表示（登克等人，2012；乔达等人，2014；伊尔迪兹&费伊，2012；周&桂莲，2015），外来性中也存在着作为正面资产这一侧面（Asset of Foreignness：AoF）。多国籍的企业，相比于本地的企业，在全球化的层面上，因为涉及多样的成功实例或经验，所以即使在分公司的市场中，也能够创造性地做出适应（池上，马兹耐弗斯基&太田，2016）。

更进一步地说，多国籍企业正因为其外来性导致难以融合当地环境，所以才可以采取和当地企业主流手法完全不同（即完全不能“同形化”）的既充满革新又独具战略性的行动（科斯托娃，罗斯&达辛，2008；斯科特，2001）。通常，本地组织在变换被制度化的规范或行为时，为了获得当地相关人士的支持，会花掉绝大部分的时间与精力（卡西尔&戴维斯·布雷克，2002）。恩德曼（2000）指出，海外企业在不受当地规范限制便可引起革新运动这点上，独具优势。

企业，无论在内部还是外部，都可以选择一个全新的经营者（法玛，1980）。在2012年这个时间点上，北美、欧洲、亚洲等等2 500家公开企业当中，71%的经营者是内部任命的（法布罗等人，

2012)。因为日本人对于外人的信赖（Out-group trust）指标，相比于美国、德国、荷兰、瑞典、新加坡等较低（范霍恩，2014；第六次世界价值调查)，所以对于外国经营者来说，日本企业的经营选择尤为困难。这样看来，戈恩的日产复苏计划的成功，如果只一味地归结于他是外国人，所以不受企业内部的纠缠，虽说部分还原了真实情况，但也难免以偏概全。

戈恩先生通过运用本书全篇谈论的领导能力和多种多样的手段，克服了外来性的负面影响，并反过来活用了这种优势。但是因为二者联系过于紧密，所以很难一言以蔽之。比如说事实上，CFT作为善用公司内部认知的运作方式，经常被拿来活用。这在初期确实弥补了戈恩对于日产公司内外状况不甚了解的弱势。通过日产公司内部的情形来看，有人评价，似乎戈恩先生的管理类型既不属于雷诺派，也不属于（曾经的）日产派，而是包罗万象的。从这一点也能看出，戈恩先生通过日产复苏计划以及在那之后的经营，逐步建立了日产全新的企业统一的身份认同感。

我们可以说，无论是戈恩先生还是志贺先生，都为日产的多样性的发展呕心沥血。然而多样性本身并不是目的。虽然为了达成某种目的，录用了女性以及来自其他各国的员工。这在某种程度上，的确保持了企业内的多样性。为了活用这种多样性，必须在某种程度上通过明确的身份认证统合更多的文化。虽然国籍、性别各异，但让大家成为一体的集团身份认证还是非常有必要的。形成集团的身份认同感（collective identity)，对于领导者来说，确实是相当重要的工作之一，也是今后朝着全球化领导者努力的各位需要引起格外重视的部分。实际上夏米尔（1993）等人就领导者如何对下属的价值观、人格、归属感产生影响，并以此鼓励团队精神的形成做了许多的阐述。

在商业活动不断全球化的进展中，讨论经营者的外来性时，不止谈论公司内外的事情，并且，主张必须考虑国际外来性的庞迪和里（2015）用国家和公司这两个轴线将内部人员和外部人员区分开来，并通过表4-1将经营者的外来性分为四种类型。

表4-1　经营者的外来性分类

国籍		公司：内部	公司：外来
国籍	外来	第三象限：集公司内部人士与外来国籍身份于一身的CEO	第四象限：集公司外来人士与外来国籍身份于一身的CEO
国籍	内部	第一象限：集公司内部人士与内部国籍身份于一身的CEO	第二象限：集公司外来人士与内部国籍身份于一身的CEO

出处：庞迪&里（2015）

根据这种分类，经营者不再只是内部人员和外部人员二选一的情况，而是通过更加复杂的考量，区分为属于哪一种程度的外来性。在这当中，第四象限的经营者具有高水平的外来性。第二象限和第三象限的经营者相比第四象限来说，外来性较低。而第一象限的经营者在国家和企业两个方面都属于内部者，几乎没有外来性。

戈恩具有第四象限高水平的外来性。其实通过上面描述的框架，大家也不难发现，从外部录用的经营者在日本人中主要通过什么方式让录用他的企业产生成果（减少作为外部人员的负面效应，进而起到灵活运用资产的作用）。

另一方面，目前微软、谷歌包括哈佛商学院中，顶层领导有很多印度人的事情也被人熟知。而与之相对的是，日本人和中国人几乎没有在大规模的海外多国籍企业公司总部担任上层领导的情况。这似乎与日本和中国本国企业经营者所占比例几乎接近百分之百的事实相符合。这到底是因为本国企业的上层吸引了大批全球化领导者人才资源的回流，还是反过来说，在海外大规模多国籍企业就职的顶层们自身领导水平不足？对于这种“先有鸡还是先有蛋”的问题，人们一直乐此不疲地探讨着。

动力

领导者自身和拥护者的动力，如何很好地结合，这是领导能力中很重要的课题之一。戈恩的目标数量较多，这也成为了他自己的动力来源。从经营学动力理论的角度来看，其实目标设定理论也是中心概念之一。实战家在说明动力的时候，多半通过举实例的方式说明，具体的目标以及定义明确的任务会成为动力的源泉。

动力理论分为“紧张情况下的机制体系”以及“目标设定理论”两个体系。前者认为，因为危机感、力不从心以及不协调的感受等令人产生不快，所以人们一般会尽可能地选择回避，进而促进人的行动（金井，2006）。比如说罗宾森认为，紧张情况下的机制体系，也就是考虑到基于不均衡而产生的紧张感受，进而让人不断向前，这和马兹罗称为“欠缺同期”的东西一样，是由精神饥饿产生的动力。戈恩经常用目标设定为中心的语境来描述组织中的动力学，同时通过酝酿正能量的危机感援助紧张情况下的机制体系，促进动力的产生。戈恩先生说过，作为领导者，有必要让成员对不想做的事情产生动力，直至完成为止，为此务必让员工们发现问题所在，并让他们意识到解决问题的必要性，并在此基础之上，强调领导应当以该有的姿态，为此说清故事原委的必要性。在此艰难的情况下，戈恩先生灵活运用了紧张情况下机制体系和目标设定理论两方面的知识。

像罗宾森所主张的那样，梦想或者目标可以清晰地引导着人们向某一方向发展。目标和现状中产生隔阂，以及具备实现可能性的情况，“未达成的课题”都可以通过“紧张情况下的机制体系”促进人们行动起来。如此，“目标设定理论”和“紧张情况下的机制体系”便能有机地结合在一起。

洛克将左右动力的目标属性，按“目标的困难程度（goal difficulty）”和“目标的具体性、特定性（goal specificity）”的角度进行阐述。在产生内发动力的方面，目标越高（困难的目标），相比于低目标，则更容易产生动力。有时目标设定至他人无法接纳的高度时，一旦和外部补偿发生联动关系，则不一定能提高相应的动力。在成功与失败概率五五分的工作中，人们认为内发动力是最高的。同时，目标暧昧不清的时候往往会以“用尽全力”作为目标设定，因为“尽力”这种说辞并不需要具体地做出什么。并且令人觉得讽刺的是，人们的确打算用尽全力，往往并不能真的用尽全力(洛克＆莱瑟姆，1984)。

此外，关于目标应该如何设定一事进行详细说明的情况，与目标是否被人接纳一事紧密关联。里卡德认为，领导者坚持尊重并支援每位下属，并以此情绪不断做对接的话（支持关系的原则），那么即使领导者设定了困难程度较高的目标，也容易被人接纳。

虽说动力总被翻译成为动机，但动机总会被理解为以程度较低的事情为前提，在此基础上不断提高的语感。因此，倒不如将动力翻译成干劲。这样的话，有无干劲的人能够立马区分清楚。对于有干劲的人，不去影响到他们的干劲就显得非常的重要。

关于动力，也可按照自发动力和外发动力的观点来解释。戈恩和志贺在很多时候用他们的言行举止强调着内发的动力。内发动力的研究，包括达成感、跟随体验、有能感、自立（自我决定）、自我实现、成长感等等。戈恩和志贺特别爱将成长感作为动力源泉。成长感虽说被定义成满足成长的欲求，但阿尔德菲尔和哈克曼将其用经营学的角度解释。也可以说，可以通过工作使自己成长蜕变。虽说达成感只需要通过数十分钟或数个小时即可体验，但成长感则是长时期的概念，我们可以把它考虑成为花数个月或数年的感受。

如此，关于动力的理论实在是多种多样。因为定义了包括性动力模型而著称的期待理论（Expectancy Theory），按照努力的程度区分将来能够获得的报酬的主观概率（期待），基于其报酬的价值，以及与其相应产生的相乘作用，决定实际被投入的努力的价值（动力的水准）。如果努力，就能换来相应业绩的极大提高；如果业绩提高，也可换来广义层面的报酬上涨，并根据所得报酬的公正性决定满足的水准。同时，通过过去何种程度即可满足的经验，面对将来需要怎样努力的局面也会逐步影响到对可获得报酬的认知方式。

波特和劳勒（1968）通过包括性的模型展示了动力被唤起的整个过程（图4-1）。用这张图来整理本书描述的戈恩先生和志贺先生的领导能力和动力的话，不难发现，为了让员工在困难的状况下也能保持干劲，确实存在着这些错综复杂的基本要素。当然这张图

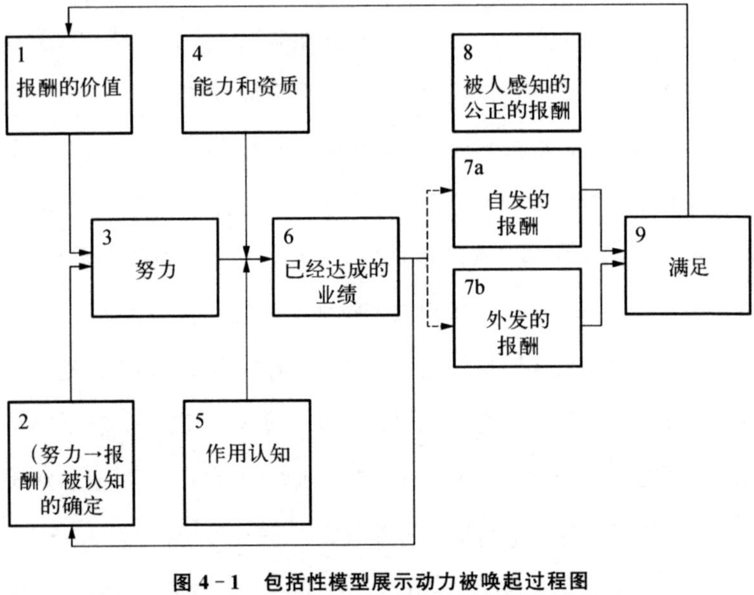

图4-1　包括性模型展示动力被唤起过程图

出处：莱曼·W·波特&爱德华·E·劳勒，III（1968）。《管理态度与表现》，霍姆伍德，IL：理查德·欧文，P165。

并不是面面俱到，所以大家也不需要对细枝末节的小事做如此复杂的思考。或许也有人会批判这和追求高级阶段的目标，那种纯真无邪的心情根本水火不容。特别是处理日本人际关系的模型，许多人认为其时间应该比这张图显示的时间轴还要长，所以必须在这方面请大家多多注意。

CHAPTER 5

中层管理的领导能力和后继培养

1 向他人学习

人基本上具有不变的部分。在此基础上，我们不断积累经验，沉淀知识

问：戈恩先生，很多人说，同样一个人，却具有多副面孔，他们会在不同的场合表现出不同的一面，这是不是由于他们心中设立为榜样的人物过多导致的？您是怎么考虑一个人容易变化的那个部分的？

我认为，人大体上是不会彻底改变的。有一位我五岁开始相识的玩伴，现在住在海外。至今我们还会偶尔见面。不过让人感兴趣的是，每一次见面，我都会被对方说：“戈恩，你真一点也没改变。”我五岁的时候，没办法体会，在之后

的人生当中，却经历了许多。当然，自身的周遭环境也和五岁的时候有了很大的变化，包括居住的国家也和从前不一样。随着人生阅历的不断增长，人应当渐渐变得不再是以往的自己，同时会积累更多改变自己的基本要素。但即便如此，五岁时候相识的熟人，总是说：“戈恩，你真一点也没变。”我想，我们自身一定会有那么一些不会改变的部分。这个部分要么是性格，要么是价值观。关于这些不变的部分，无论个人想怎样努力都不会改变。所以重要的是，我们需要维护好自己最本质的那个部分。

另一方面，自己当然具有可变的部分。比如和之前的自己相比，无论能力还是理解力以及智慧方面，应该是不断变化着的——通过积累经验，学习知识，会引起相应的变化。

应当设定自己的楷模榜样，但这个榜样绝不止一人

问：戈恩先生，您有自己的楷模榜样吗？无论是经营者还是历史上的英雄都可以。另外您能否向我们解释一下，为什么您要将这些人作为自己的楷模榜样呢？

拥有自己的楷模榜样是非常重要的一件事情。通过观察这些楷模榜样，人们不禁会思考“为什么这个人让我铭记于心”或者“我该怎么做才能像他那样”。因为有了楷模榜样，所以我们不仅能向别人学习知识，也可以将其转化为自身的动力。因为我们会

希望自己能够成为更好的人。也就是说，楷模榜样能促进人不断学习。

那么对我来说，什么样的人物会成为我的楷模榜样呢？实际上，我想并没有一个特定的人物。可能一个人在某些方面会成为我的榜样，但在别的方面，这个人能做榜样的那个部分，或许会闪现在其他若干人的许多侧面当中。比如说因为大脑反应很快这方面成为我榜样的人，或者因为个人的勇气，对他人共感的能力很强，或者极其聪明，能够看穿未来等方面都会吸引我。

我给大家举一个很容易理解的例子。让我自己铭感于心的楷模人物中，有一位是英国的前首相托尼·布莱尔。我与他见过数次面，也曾经在日产汽车的桑德兰工厂迎接过他。布莱尔作为地域社会的代表人物，具有非常敏锐以及明晰的理解能力。然而这并不是说，我将布莱尔的所有行为都作为我的榜样去学习。

还有一人——特雷莎修女，就能够和他人达成共识的能力这一点，便是我的榜样。我被她为何能有那样共感的能力而感动不已。不过她的所作所为其实并不难想象。我觉得她是一个非常值得信赖的人物。

为了向某个人物学习，并且提高自身的动力，人需要树立楷模榜样。然而这并不能过度地集中于一人。因为一个人身上必然有值得学习的侧面，但也有称得上缺点的那些部分。所以榜样，应该不止一人。我们可以在各种人物身上学习他们不同的精神。

我们也可以向并不优秀的人学习

问：戈恩先生，在您的商业生涯中，有没有使您深受影响的人物？

我并没有只受到一个人的影响。即使是从经营方面，我也曾经试图寻找一位适合做自己榜样的人物，但是并没有人能够具体地作为自己的参考。为什么这么说呢？因为作为一个外国人只身来到日本，并且我还要打算变革日本的企业，这种事简直史无前例。也许你会举出杰克·韦尔奇的例子，不过因为他是管理美国企业的美国人，所以对我的职业生涯并没有直接的参考价值。

但是即使如此，我还是从不同人的身上学习了很多。

在我身边的上司中有很多人和事情，都值得我在积累自己的职业生涯的路上不断参考。我最初的上司、第二任上司、第三任上司都让我学习到不同的侧面。可能有人会想“那个上司是很优秀的领导，所以我可以学习很多。可是我的上司并不优秀，那我也不能学到什么”。不过，关于学习这件事情，其实并不只是单方面地吸收优秀的方面，从并不优秀的上司那儿，我们也可以学习那些当了上司之后并不能做的事情。比如说你会觉得“这样做非常过分”“我并不想做那样的事情”“我并不想成为那样的人”等等，从这种所谓的反面教材中也能学习很多。同时在其他不同的反应当中也可以获益良多。比如“这个上司总是见异思迁所以显得十分混乱”，或者“他是不具备做决断能力的人”等。

人可以从正面的例子和人物当中，学习到该做的事情，并从反面的事例当中，了解自己不应该做什么。我们不仅能从正面的例子当中获取灵感，看到值得自己前进的方向；也能够从反面的例子当中看出自己不能涉足的方向。

2 所谓优秀的管理者

能给出多少成果，是判断管理者的尺度

问：戈恩先生，您在我们的眼里就是无所不能的“超人”。能告诉我们您是如何做到这样的呢?

其实经营者并没有“超人”一般的存在。就算我自己想成为超人，那也绝不现实。

那么说到管理层中什么是最重要的，我个人觉得还是学习的过程——通过学习给出成果，然后不断保持良性循环，并且在这样的循环往复中，体现管理者的基本素养。

管理者的优秀之处之所以被大家大加赞赏，是因为他能给出成果。当自己被别人评价为“非常杰出”的管理者的时候，这意味着

是你的表现受到了大家的认可。并没有被人认为是优秀的管理者，却给不出实际成果的情况。让公司最终露出破绽，不断产生负面结果的人，绝不会被称为优秀的管理者。

决定管理者是否优秀，关键看实战业绩。特别是给出的成果，远远超出人们预期的时候，大家会惊愕地称赞“你真棒”，并因此留下自己过人的实战业绩。给出人们觉得你理所应当完成的成果，的确非常重要。但是能让人喜出望外，给出不一样的成果，这才是管理者的优秀之处。根据管理者究竟能给出怎样的高效率的成果，人们对于管理者本身工作好坏的评价会各不相同。

为了成为优秀的管理者，必须直面并剖析自己的弱点

问：戈恩先生，您也会时常意识到自己存在的不足吗？能不能为我们谈一谈您自己是如何管理这些弱点的呢？

当然我自己也有弱点。我觉得每个人都有弱点。从有弱点这一方面来看，大家都是相同的。

不过现实中有人既能够正视这种弱点，并能做出客观剖析，认为“这就是我的不足之处”；也有人永远都无法意识到这些缺点，或者即使意识到了也装作无所谓。为了成为优秀的管理者，必须客观地洞察自己的这些弱点，比如“关于这件事情，我确实是失败的”“这个部分并没有发挥效果”“这儿的说明力度确实不够”“这

件事情不能这么做”“我下达了一个错误的命令”等等。

的确，客观地承认自己的缺点，是十分艰难的。因为，这是需要相当大的勇气的，所以很多人都无法做到。

通过努力不断改正弱点，自己也可以借此机会成为更好的人。这里所谓成为更好的人，并不是说万事皆完美，而是说做得比之前更好。

在这当中，有人会不顾自己的弱点，一味地找借口，比如说“不管怎么说我也给出了相应的结果，并且我已经尽了最大的努力，也付出了许多”等等，将弱点带来的恶果合理化。然而，所谓的“一点成果”，也就意味着自己必须意识到，自己目前并没有达成当初制定的日标，并且招致了相应的恶果。同时，不足的原因，换句话说，为何会带来这些弱点，作为领导者必须做出突破的尝试，并试图得到彻底的改变。这才是作为管理者的正确态度。

3 学习的本质

通过学习可以提高动力。实际工作中不断学习的价值会更高

问：戈恩先生，您自 1999 年来到日产汽车至今是怎么保持工作动力的呢？

大家就假定我工作的时候一直处在亢奋的状态吧。然而，即便对于这样的我来说，可能有些人也会觉得："都已经在同一家公司工作了 16 年，应该会觉得没意思了吧。"同时，我也被其他人说过"相比于重复的工作，倒不如去某个海滩上消遣一下会更好"，或者"你是怎么做到每天早上坚持 5:30 早起，然后一直从一个国家辗转到另一个国家，不断倒时差的呢？相比于这样，倒不如在巴西过着悠闲的日子"。

那为什么我最终没有选择去沙滩度假，而选择了继续奋战在严苛的工作一线呢？因为工作其实也是学习的过程之一。

在人生中，如果说什么时候最有干劲，我觉得可能正是学习的时候。正因为学习，动力才会相应得到提高。这里的学习，可以是学习自己，也可以是学习他人，可以是学习地球的事情，也可以是学习环境方面的知识，其实什么都可以。随着学习的深入，动力也会越来越高，因此也能保持鲜活的生命力。

我虽然这么说，但我也有因为工作而感觉"捉襟见肘"的时候。不过，在发现困难之后，每次都能从艰难险阻当中走出来的原因，也是来自自己在不断学习的缘故。其实我们现在每天的生活并不是在不断地重复着。为什么呢？因为每天学习的东西都各不相同。如此看来，看似无聊的工作，按部就班的生活，也不会觉得无趣。

同时，学习的本质并不是只一味地追求"作为一种心理准备，我应该怎么做"，而是"通过不断尝试知晓我之后应该如何行动"。

比如，我感觉自己在读关于组织论的书籍时，相比于自己置身于一个推进项目的组织时所感受的东西，可能后者会给我更高价值的学习体会。很多时候我感觉带领一个团队，和团队成员共同感受失败这件事情，相比于通过管理学的教科书学习，能够获得更多有营养的东西。我现在将一个团队引导向成功，并与团队当中的成员共享成功的喜悦，我想任何教科书所写的成功事例都无法描绘这种实际学习带来的感受。

在与人们不断的交流中逐步地积累经验，再把这种经验传递给其他人。这并不是在做学术，而是向积累了丰富经验的人，通过直接的谈话，学习一手的经验。也就是说，通过自身主动地学习，是十分重要的。所以请大家务必不要忘记。

4 最重要的中层管理期

中层领导期是最能让人成长的重要阶段

问：我们在书中经常能看到关于顶层管理者领导能力的理论，但是您觉得中层管理的理论是怎样的呢？

我觉得这是一个很好的问题。我希望大家能够站在中层管理者的立场，意识到他们每天都在积累着职业生涯中非常重要的经验。

人们度过中层管理期的方式，会直接影响到其能否成长为一个更好的领导者。因为这样的工作要求自己既能和下属对接，又能和上司良好地沟通。在上传下达的工作中，自己会具备上下两个视角。

一方面，作为中层领导者，必须带领下属们持续鼓足干劲。虽然有的时候无法反馈下属们的问题，但这依然是一个收获颇丰、意义非凡的工作。

另一方面，中层管理者也有自己的上司。我想绝大多数的人会觉得，如果能和自己的上司处理好人际关系，那是最好不过的。然而，即使和一个自己讨厌的上司持续接触，我们也能够从中收获良多。也就是说，即使是从讨厌的上司那儿，我们也能学习很多知识。当自己作为下属无法和上司保持有效沟通的时候，这种沟通不畅带来的感受，能够让自己更好地意识到与别人相处的方式是十分重要的。我们虽然会为此而身心疲惫，但是从中我们自身也可以很好地领略，如果不能和人保持有效的沟通，那最终将成为无法受人信赖，并令人讨厌的上司。

对于担任管理职务前一阶段的员工们来说，也许责任意识并没有那么重，同时对很多公司的情况也并不了解。相反，居于上层部门的员工，因为远离工作现场，也有脱离现实情况的危险。而只有中间层的这些管理者，他们能够清晰地通过自身的职务，了解并不断接触企业的实际。因此，为了使自己能够成长为将来的领袖人物，中间管理期的经验显得十分重要。

即使是为小团队谋求改良的活动，只要可以给出成果，依然能被人称为优秀的人才

问：您觉得当公司陷入危机状况几乎无法运转的时候，作为中层领导者应该做些什么呢？

其实作为中层领导者能够做很多的事情。

首先我希望大家能够积极地思考一下，当我们公司直面金融危机的时候，站在中层领导者的立场来看，应该如何带领自己的团队，一起为公司提高产品价值、控制成本和加大利润，就显得至关重要。当然，这突破了以往人们对于中层管理职务的常规见解。

比如，其实很小的一步改良，也值得不断地展开，和成员们一起密切地沟通，并持续提高动力，不断强化，最终给出成果。

虽然小小的改良能够带来的作用几乎微不足道，但是请大家不要过于否认这其中的价值。因为，这其中也有和你一样的人，他们也能深刻理解到公司正在面临艰难的局面。这样的人大体也存在于公司的上层当中。也只有这样的人会认可你改良的举措，并会觉得：“为了公司的改革，我们需要这样的人才。”所以我们要时刻为此做好准备。

我也经常在想：“为了这家公司（日产汽车）的改革，中层管理者的意见是十分重要的。”因此，在组建多部门合作团队时，我

主要抽取了大量的中层管理者作为直接组员。因为他们能够最清楚地理解公司的现实情况，并或多或少地采取一些方法解决目前的难题。而且，这并不是理论或者逻辑层次的问题，而是需要达到实际运用的水平。

其次，还有一件重要的事情，那就是，一个进取的团队，必然会引起周围人们的关注。在日产汽车内部组建 CFT，是促进改革的唯一办法。即使公司内部很难大规模地组织 CFT，但是，也可以成立品质和进度监控小组。我想中层领导者如果致力于这样的小组，最终也会得到顶层领导者的认可。

一个公司对一个人价值的评价，往往是通过这种能否给出成果的标准来进行的。在公司内部，每个人给出结果的能力是不一样的。因此，在一个公司中并不能够轻易地说，如果 A 离开了，B 便能取而代之。因为不同的人会导致不同的结果。

在足球比赛中，总会有优胜队和失败队。有优秀的选手，也有一般的选手。在比赛之前，我们并不知道他们的成绩如何。只有通过不断地累积战绩，我们才可以清晰地知道，哪个团队是经常获胜的，并且通过得分可以判断出哪个选手是优秀的。

优秀的队伍并不一定会有高强度的练习量，或者选手的健康管理十分到位，而是因为他们能够不断地获胜，所以人们判断这个队伍是非常优秀的。

被当作优秀选手的人也绝不是因为在接受采访的时候，可以舌战群儒或者个性十足，而是能够带来进球的机会。所以有的时候，因为一个球队私自更换了能够踢进球门的优秀选手，导致这个团队失去平衡，最终战败的情况也会存在。

对公司来说，危急的时刻反而对员工来说是最好的机遇

问：戈恩先生，您觉得如果我自己工作的公司，因为一些原因陷入一定的危机状态中，应该以怎样的心理状态去应对呢？

在陷入重重危机的公司工作的员工，我个人觉得，可以说他们正面临着极好的机会。为什么呢？因为在危险的状况下，我们可以看出人与人之间的差距。

如果公司处在一片大好的形势中，我们无论如何都不能看出自己与其他人不一样的地方。在稳定成长或者经营状态良好的组织中，一个人的贡献力量也很难被察觉。正因为有危机的存在，每个人的不同之处才清晰可见。

陷于危机状况的公司，很多人都不想去那儿工作，但我觉得这是一个相当错误的选择。正因为公司进入了艰难的阶段，所以自己才能意识到“我要通过自己的方法改变这家公司”，或者认为“自己抓住了极好的变革机会，并可以以此展现自身变革的力量”。而不是对此怨声载道，说：“这儿好苦！在这家公司令我觉得非常不自在。”我们可以反过来告诉自己：“我只要一想到能够加入这家公司的变革，就兴奋得不行。”

在 1999 年，当时参与日产复苏计划的中层管理者们，如今很多都成为了公司的领导者，或者活跃在经营团队当中。如果日产汽车没有那样的危机，他们在年功序列制度下或多或少会因为没有达到某个年龄层而无法担任当前的职位。然而，现实是他们都突破了自己的职业生涯规划，极早地被委以重任。为什么呢？因为他们为公司的变革贡献了自己的力量。对于公司而言，是一场危机，而往往这对于员工们来说，反而是他们最好的机会。

5 领导者的培养和评价

扎根于文化背景的“集团重视”是日本领导者面临的课题

问：面向日本人成为领导者的课题，您觉得存在哪些方面的问题？

日本人以及法国人、美国人，还有其他各国的人，他们同时拥有必须面临的共同问题。那就是必须认知和处理阻碍优秀领导人才培养的文化性因素。与其说这是人们头痛的问题，倒不如说，这是因文化所致。

日本人有一种集团主义行动的倾向。他们往往会重视自己所属集团的大体行为。同样，在这一背景中，也孕育出了现在的日本文化。

然而，从领导者的管理方式来看，日本人的这种倾向却需要得到改变。为什么呢？因为所谓的领导能力，并不是站在集团的角度加以发挥，而是发挥个人能力的问题。我在众人对于电动汽车（EV）事业开发这一决定极其反对的声音当中，一个人做了这个决定。在决定打开中国市场的时候，也遭遇了同样的情况。因为不管怎么说，企业的意志决定都是由领导者一人独自完成的。

可是日本的文化相当重视大众的意见。作为领导者，如何下决断，我觉得需要重新考量这些文化因素带来的影响。这个问题同时需要首先得到大家明确的认知。

还有一种倾向，就是我意识到日本人往往会避免直接向某人发表严苛的意见。这当然也来源于日本文化中对于他人的关照这一方面。

然而，从领导者的管理方式来看，这是必须加以纠正的地方。为了能够传递出对此人的评价，有时我们必须说出极其严厉的话语。比如，“我对于你的这部分工作非常不满，我觉得你应该能做出更好的成果”等评价，我们就极其有必要告知其本人。

但是，日本人往往并不乐意做出这样的评价。其实向对方提出“你并没有充分地做好你的本职工作，我想你应该能够做到”的意见，反而能更好地帮助对方。如果没有当面传递严苛的评价内容，只一味地维系表面的良好关系，这就和隔靴搔痒忘却疼痛是一回事。如果我们不能够向对方传递出为何做出批评的根本原因，并不打算消除这些原因，那么问题就不能得到真正的解决。

有时传递严苛的评价内容，可能会影响到对方的情绪。然而作为领导者，不管对方的情绪如何，我们更需要为了成功集中精力做自己该做的事情。相比于因为不能够及时向对方传递严苛的评价，而在此之后问题越积越多露出端倪，倒不如直接将批评的意思向对方明确传达，进而让对方做得更好。

我们必须意识到该国的文化背景会直接影响到人们行动举止的倾向，同时我们也需要时常纠正这种言行举止的倾向。

我认为，日本是能够产生伟大的领导人物的，而实际上也确实存在这样的人物。对于阻碍培养伟大领导者的文化因素，我觉得如何去除这些负面影响十分重要。

体验各部门的经验与废除年功序列制度，这是日产公司培养领导者的重要条件

问：戈恩先生，您刚来日本时的日产汽车，是日本人占据大半江山的情况。对于培养领导者的方面，您对此有没有特别加强改善的地方。

我在1999年刚来日产汽车的时候，面对在这家公司工作的人，我觉得在培养商业领导者方面有两大不利的地方。分别是员工没有在各部门实际工作的经历，以及年功序列制度已成为企业根本制度

之一。

当时在日产的所有员工，几乎都只在某一领域内积累着自己的职业经验，这将导致员工只知道其归属范围内的知识。然而，如果员工在进入公司之后，一直投身于开发或者生产领域工作的话，我认为这样是不行的。为了培养商业领导人才，这个过程必须穿插着生产、开发、销售、市场、财务等各领域的职业生涯经验。虽然我们没必要让所有的员工都这么做，但对于愿意在将来承担领导责任的优秀员工，我们必须让他们在各个领域积累工作经验。不过这方面的意识在 1999 年当时的日产汽车内部是不存在的。

既然自身所处的位置高于这些员工，自己就必须对公司整体的现状把握清楚。但即便如此，当时日产的员工都是一根筋地从事营业、生产、开发等等。也许他们只在某一领域拥有强劲的技能，并且这种模式确实适用于公司内部的一部分员工。然而，为了培养商业领导，这绝对不是一个正确的办法。我们必须花费人生大部分的精力积累各个领域的经验。

年功序列制度成为基本的制度之一，也是不利的一点。对于这种制度，我始终抱着怀疑的态度。在当时我认为必须对企业内部的制度进行彻底的改善。

其实相比于去关心员工们的实际年龄，我们更应该关注的是一个人的精神层面，或者以经验是否丰富去判断一个人是否成熟。比如说，就实际年龄而言，30 岁的人与 55 岁的人相比确实年轻了 25 岁，然而即便是 30 岁的人，如果他心智成熟，那么他也比 55 岁的人看起来还要“内敛”。所以我们有必要打破年功序列制度。

但这绝不是盲目地认为只要是年轻人就可以加以重用。如果能力没有太大的差距，相比年轻的员工，我们更会优先让年长一些的人从事某一项管理职务。然而，如果年轻人比年纪大一些的人更加优秀，我们会择优录取年轻人。为了公司的业绩，我们必须任命最优秀的人。

同时，把管理的职务交给有潜力的年轻人，让他们尽早地实现职业生涯的提升，也是很重要的。这也意味着让他们尽早地培养责任意识。在年功序列制度的社会中长大的这些人往往会惊讶道“才35 岁，居然能够担任起这么大的职责”，当然也会有人对此表示不满。然而这样做岂不是更好吗？

从经验和印象两方面对人作出评价，会大大减轻判断失误的风险

问：戈恩先生，您是怎么评价员工自身具备的能力的？

在对一个人作出评价的时候，我们必须知晓这个人到目前为止做了什么？以及他积累了怎样的职业经历，或者说我们需要对他持有怎样的经历保持清醒的认知。比如说，过去做过车间主任、商品经理、市场管理者的各种不同的经历和以此获得的成果。我们会把这个人到目前为止一共积累了怎样的实际业绩，作为评价这个人的

非常重要的判断材料之一。

在此基础之上，如果和这个人当面交谈的话也能极大地缩小误判的可能性。比如说，我们虽然知道一个人的经历，但在此基础之上，我们通过与这个人见面，了解更多暂不清楚的东西时，会交换更多的意见。于是，我们能够直接倾听到这个人的意见，也容易对这个人的印象加以判断。当然，如果单方面通过与人面对面的交流就轻易地对人做出判断的话，反过来会加大认知误判的风险。这还得重新去审视这个人的经历，进而不断地加以修正。并且我们可以通过回想“有如此意见的人，会给人造成这样的印象，并以此在公司当中获得了如此的评价”等，利用个人意见，以及调整对事实情况的了解程度，从而能够得到对一个人非常全面合理的评价。也就是说，我们通过重视实战经历的方法，便可以大幅度地减轻因为主观的喜恶等标准，做出的武断评价的失误。在竞选某个重要职务时，如果有若干个候选人，通常我们相比于公司外部的人员，会更加优先地选择公司内部的员工。因为对于公司内部的人，优劣势我们都心中有数，而对于公司外部的人来说，我们只知道他强势的一面，暂时看不出他有怎样的弱势。

在公司内一起工作的其他员工，在倾听他们意见的时候，这些意见往往会成为我们认知的基本事实之一。为了听取来自知晓此人的其他员工各自给出的意见，我们有必要通过和若干相关人员的相互讨论，了解这个人是否适合这项管理职务。不只是我，包括副社长在内的重要管理职务，还有其他小组的领导们是如何评价某个人的，为什么会做出这样的评价等，都需要相互交换意见。这样做是因为如果自己的评论有所闪失，也可及时做出调整。关于评价人选是否合适，我们要尽可能地通过这样的方式规避潜在的问题。

6 领导者的人选

框定人选的工作绝不能一言堂，必须把握此人的优缺点

问：戈恩先生，您能否向我们解释一下，您在选择领导的时候会注意哪些方面呢？

如刚才描述的那样，关于人选这件事，绝不能一个人擅自作决定。这需要在小组内听取多数人的意见，通过360°的综合评价才可完成。关于为什么不能一个人擅自任用人选，主要是因为对于选择的对象也有不少自己无法预知的部分。通过多数人所作的决定，往往会最大可能地规避这些无法预知的部分。

比如说，将七个人集中在一起，就小A适不适合任命为行政人员进行评价。如果七个人当中的所有人都认为小A是一个工作非常上进的人，那么小A工作上进的准确性就非常高。但是如果七个人当中，仅有两个人觉得小A工作非常努力，而与之相对，剩余的五个人都并不这么认为的话，那么小A不是一个合适的人选便成为了

组内共同的评价。

如果小 A 真的是工作上进的人，即使不是所有人，也会有绝大多数的人觉得他是个合适的人选。而只有两个人认可的情况，说明小 A 可能只在这两个人面前表现出工作认真的一面。这种状况意味着其中两个人被骗，而其余五个人持旁观者清的态度。

评价来源的人数越多，那么这个人到底适不适合这个行政岗位的判断便更加清晰。所以人选的斟酌相比于一个人，不如两个人，两个人不如在大多数人的情况下进行。

还有一点就是，在选人的时候，作为候补者，他们的长处和短处两方面都需要很好地把握。因为人们的短处偶尔也可以加以利用。具体来说，有时候人们的短处，对于公司来说，可能也会有大有助益的部分。

比如小 B 总是被担任后勤的人说："你其实性格很暴躁。"就一般人来看，这的确是小 B 的短处。但是正因为是急性子，所以我们也可以让这种个性发挥出它应有的作用。比如说遇到紧急的情况如何处理。对此，我们往往希望员工能有瞬间的爆发力，这对终日里耐着性子不断努力的人们来说，也可处理妥善，但是相比于这些人，平时性格暴躁的人往往更适合在紧急的情况下给出我们希望的答案。相对于"稍微再努力一会儿，再忍耐一会儿"的性格，"不管怎样，都给我快点"的急性子可能更适合处理紧急的情况。

即使做出误判，也需要让被错选的人离开

问：您在选择一些年轻领导者的时候，您觉得有没有什么特别需要注意的地方？

在选人的时候，我也会选择那些已经具备了很高潜力完成任务的人。然而，在选择年轻的领导者的时候，他们即使并不完全具备完成这项任务的潜力也没有问题。我们只要发现他们在将来可以担任重大的责任即可。也就是说，为了把重要的职责交给他们，我们会通过考虑这个人接下来会怎样通过积累经验完成实战的业绩，进而不断地审视他到目前为止在实战业绩中的长处和短处。我们也时常这样考虑："如果我们认为这个人到目前为止已经经历了非常高规格的品质管理工作，并受到下属们的爱戴，即便他在作决定的时候过于谨小慎微，花费大量的时间，但当我们把新的责任交给这样的人以后，他也会成长为一个速战速决的人物。"

但是，有时候，即使我们已经做了十足的努力去选人，还是避免不了犯错的可能性。因为，人的判断并不是任何时候都会取得成功。在位人选给出结果时，如果我们觉得不错，那这一部分就能成为这个人的实战业绩；如果很不理想，那会使我们觉得判断是失败的。并不是所有的情况都会得到好的结果。

如果我们选择的人，即使过了一年也给不出实战业绩，那我们

会认为自己做的人选决定是错误的。这种情况，做出人选判断的人必须承认自己的选择是错误的，并且更加严重的是，我们会让被错选的人离开他目前的职务。如果不做这样的清理，实际的情况也不能改变，所以我们只能这么执行。

然而，如果我们冷淡地处理这个被动离职的人，那么无论是对于个人还是对于组织都不利。我们需要注意让这个人在他擅长的方面继续发光发热，并尽可能地，听取他关于责任与职务方面的感想，进而更好地把握住这个人的长处和短处。这样做，对这个人今后的前途也有帮助。我们必须时刻意识到，我们在选人的时候会发生不可避免的错误，并且我们不能惧怕这样的错误。

领导者自身的素质，通过他在人前显现出的行为举止便可一目了然；通过对自身的素质不断地发掘，进而不断地成长

问：戈恩先生，您是在什么时候通过怎样的方式意识到自己具备做领导者的能力的？

我认为一个人具有当领导者的素质，往往是通过这个人对周围能否行使影响力而得出的。比如说，人们不自觉地对于某个人产生依赖心理，有了“我想听听你的意见”的这种向往。并且人们也会赞同这个人的言行举止。

如果我们自身通过观察周遭的人对自己做出的表情，便能够感受出好像自己具备着做领导者的素质，那么我们就应该好好地培养这种素质。

人们依赖某个人的原因是各种各样的。比如说，某个人有知识、聪明、共感能力强等等。然而，相对于领导能力而言，如果具备足够的领导能力，则能够对别人产生影响。反过来，即使发挥了自己的影响力，人们也丝毫不对自己感兴趣，时间越久，影响力越小，就不能说这个人具备良好的领导能力。如果具备持之以恒的影响力，人们会觉得"我希望听从这个人的意见"，或者"那个人所从事的事情我也想参与"。

综上所述，领导能力并不是王婆卖瓜自卖自夸，而是通过和自己相关的人不断的表现反映出来的，同时自己也能清晰地感受到。比如我所说的事情周围的人都愿意侧耳倾听，即使自己说的事情并没有那么的让人感兴趣，或者我周遭的同事可能说的比我更有意思，但是人们对于我所说的事情会表现得更加重视，等等。自己如果能够意识到这些，也就是说，自己具备了当领导者必须拥有的领导别人的能力。一旦意识到这样的能力，我们就需要好好地培养。

将来，为了将日本的年轻人培养成为全球化领导者，需要特殊的培养路径

问：对年轻的日本员工们进行怎样的训练以及研修，才能使他

们成为未来的全球化领导者呢？

我想对于年轻人如何培养领导能力，特别是如何把日本的年轻人培养成为领导者这件事，不只是我们日产汽车，是包括整个日本的企业都需要共同面对的难题。刚刚我说到了一些日本人的特征，比如说，极具奉献精神，对于公司爱护心切，以及团队合作能力意识特别高等。即使上司所做的意志决定自己并不认同，但是大家也可以齐心协力参与到小组的工作中。这是我个人觉得日本人最强大的部分，但是这种强势另一方面也带来了相应的弱点。比如说，因为许多人在自己的团队当中并不想成为出头鸟或者很醒目的存在，所以并没有人愿意谋求和团队发展相违背的方向。然而，作为领导者，即使大部分的成员所想的方向都已存在，哪怕只有自己一个人对此反对，也应该往这个方向考虑。我觉得领导者必须是这样的人物。但事实上我在日本人当中很难发现这样的人。能够突破这一层似乎很困难，但这并不是说日本人的能力有问题。反过来看法国，他们丝毫不会在与其他组员方向违背的时候犹豫片刻，然而培养他们的团队奉献精神也会十分棘手。

在大家选择领导者的时候，我们经常会听到来自海外的候选者的名字，却甚少听到来自日本的候选者。实际上，在开发和生产技术部门有许多优秀的日本候选者，但是面对实际的商务行动选择领导者的时候，日本的候选者却变得非常的稀少。

所以我们以日本人作为对象，企图提高他们的领导能力时，我们会针对选定的候选者进行特殊的培养计划。比如我们将候选者派往海外。在非常强势的领导下面不断地从事管理工作。其实他们在这样的工作当中即使失败了也没有关系。不过，通过这样实际的特殊培训，不断地克服工作上的难题，他们最终都变为了非常优秀的商业领导者。

7 指名后继者

CEO 的“钦定”错误，将很大程度地带来公司营业的破绽

问：在企业 CEO 做交接的时候，我们常感觉到那是一个企业最大的分水岭。戈恩先生您是怎么理解 CEO 交接时期公司的运营状况的?

CEO 的交接工作，可能会给企业的业绩带来重大的负面影响。我们对新一任 CEO 就职之后的公司业绩走向一无所知。所以总是事后诸葛亮地认识到，新就任的 CEO 造成了公司运营的下滑。

汽车业界内，企业多半追求信息技术的导入、对环境制约的对应等各种各样的改革。因此经营团队的人也必须时常抱着高度的戒备心，担心自己的公司按这样的改革方向发展是否合适。于是，一旦发现企业的发展背离了初衷，则必须对此作出迅速的认知和反

应。虽然说不是所有的决断都能完美地进行，但是一旦发现事实偏离最初的设定，则必须当机立断作出反应。企业业绩下滑的很多原因，都是CEO选择了错误的经营方式。

接下来还会发生因为错选了继任者，导致企业经营产生漏洞的情况。特别是日本企业中董事会和CEO的关系过于密切，导致CEO因为自身的独断，选错后继CEO的情况屡屡发生。因为在日本很难直接给出意见，质问对方为什么要选这个人作为继任的CEO，所以，相比于其他国家，日本为选错人选导致经营上出现破绽的风险更大。虽然指出“为什么要选这样的人作为后一任的人选”的人可能意见并不准确，但是选定后一任的程序必须清晰健全。并不是凭借自己的喜好“钦定”某个人物，而是必须为公司的将来考虑，以准确的理由选择某一人作为后一任的CEO。

选错CEO的代价是很惨重的。现在行政人员的工作成为了全球的话题。也有人质疑“CEO的工资过高。干吗要开这么高的薪资”。然而，想到错误的CEO人选会让公司蒙受损失，那么为一个正确的CEO开合适的薪资并没有什么不妥。

CEO后继者就任的准备工作非常重要。来自公司外的申请也要一并接纳

问：企业或者上层领导对新一任的CEO即将带领整个公司的立场该如何看待?

并不是所有的CEO都是从新官就任的第一天开始就能独当一面的。这需要大量的准备工作。

比如说，如果一个人在就职CEO之前，经历了各种工作，为成为领导者进行了各种培养，并且承担过较重的责任，那么此人的定位原先就比较接近CEO。

然而，有时即使为成为CEO做足了准备，也无法如愿以偿地当上CEO。比如说，有重大进展在业内诞生，市场发生过激的变化，或者新的技术抬头，导致之前为CEO候补所作的准备竹篮打水一场空的情况也时有发生。除此之外，有时因为不可预测的厄运或者丑闻，使得自己在公司的名声每况愈下的情况也不可避免。

遇到这种情况，如果公司内部没有其他合适的CEO候补者，那么只有考虑从外部调配相应人员。

决定后继CEO的人并不是现任CEO，而是董事会

问：做企业，就必须不断推进事业的发展。为此，对于经营者（CEO）来说，对后继者的任命以及培养似乎显得十分重要。戈恩先生，您打算如何做好这一交接工作呢？

这的确是引人关注的问题。然而当前的CEO是没法任命下一任CEO的。可能大家只要听到后继人选的问题，就会认为这是现任CEO（社长）可以决定的事情。然而，事实却绝非如此。决定新

一任CEO的并不是现任CEO，而是董事会。同时CEO应该做的，并不是“任命”后继者，而是为董事会推荐后继的人选。并且这不是由一个人就可以做提案的，而是由若干人等同时提出议案，再一并作为参考，由董事会最终任命合适的人选。

CEO在新一任CEO人选决定好之后会自发退位。一旦退位，CEO也无需对公司履行任何职责。所以从这个角度来看，CEO也无法直接任命下一任CEO。因为即使CEO选择了一位十分不理想的后继人选，给公司造成不可挽回的损失，前任的CEO也不用为此承担任何的责任。虽然，可能之前的CEO届时已经完全功成名就，过着幸福的退休生活。然而董事会的董事们却要持续履行着对公司业绩的相应责任，依然需要处理后续的事情。所以董事会必须对任命后继CEO一事负起责任。

新一任的CEO是担负公司未来命运的人物。所以从公司未来前景的角度考虑，必须是最优的人选。退任前的CEO，如果只根据个人的喜好武断地选出后任的CEO，我想这会让现在的公司十分为难。因为退任后的CEO不需要为公司的将来承担任何责任。如果让他来任命，他可能只会草草了事。然而真正担心公司未来的人，依然留在董事会当中，他们必须为公司接下来的发展保驾护航。

日本的公司，据我所知，包含CEO在内，几乎聚集了所有的管理者。但是我却并不会因此只按照日本的套路出牌。我所面对的是雷诺和日产两方面的经营管理。当然，我也不会去任命后继者。董事会时常会向CEO提出选择后任的备选方案。在这种情况下，

CEO往往不得不接纳董事会的意见，并相应地提出候选的名单。比如说CEO提出“同时存在小A和小B两人。我个人觉得小A更具希望”等等的议案。但是从董事会的角度来看，最终可能任命的是另一人小B。即使如此，CEO也不能对已经任用的人选说三道四。因为自己已经是自由之身，董事会这么做也是合情合理的。

同时，在面临提出候选意见的时候，应该尽可能地避免只提出一个候选者名字的情况。因为这样会很不公平。如果对董事会提出“实际上我能够提供的候选者只有一人”的时候，这就像是自己在专断后继者是谁一样。一般在提供后继人选的时候，应该给出若干人等供董事会最终任命。

假设现任CEO决定了后继者之后功成身退。然而，如果现任的董事会对于这一人选并不认可，那要如何是好呢。可能这个新上任的CEO一旦出了一点问题，就会遭人反对直至下台。

总而言之，基于当前CEO的任命，是没有生产力的。如果CEO只按个人喜好来决定后继人选，对于新上任的CEO本身也十分不利。

可以作为后继CEO人选必备的三个条件：较高的实战能力、逆风行动的能力、共感的能力

问：戈恩先生，您在提出后继CEO人选的时候，一般会重视哪些方面的问题呢？

我个人觉得最重要的是这个人必须有很高的实战业绩。如果到目前为止碌碌无为，或者说，在过去曾经失败了好多回的人，即使提案让他做后继者，最终也无法胜任。因为周围的人无法对这样的人抱以尊敬的态度。

在公司内部，很多时候，如果一个人被人认为确实在整个职业生涯中都能给出较高的业绩并获得大家的认可，人们才会对他抱以尊敬的态度。因为人们会觉得这个人不仅实战业绩很高，而且作为后继的 CEO 也没有问题。

其次，值得作为后继 CEO 取得他人提案的人，还必须具备逆风之下强有力的行动能力。极端一点地说，CEO 应当是一个坚韧不拔的人。

当下是一个其他企业相关利害人经常向公司的方针唱反调，而且一般的媒体对公司稍有不好的传言就会写成新闻大肆宣传的时代。我们即使在对外处理的信息当中，尽可能做到公正的态度，但也难免会因为被人误解进而遭到世人的恶评，或者是带有明显恶意的诽谤中伤的言论。而且，向世界开展业务的公司，比如说向日本、中国、法国、美国、巴西、俄罗斯、印度等等，无论对哪一个国家，我们都必须维护好自己的公司利益。对于公司而言，一旦有不好的事情发生，如果只会一味地惶恐不安，不知所措，口中念道“该怎么办呢？怎么办呢”的人，往往是承担不了 CEO 的重任的。作为 CEO，被人攻击是理所当然的事情。然而在被攻击的情况下，必须冷静地处理问题。

与此同时，第三点，特别是在现代社会当中，我们要有共感的能力。这一点，我认为十分重要。所谓共感的能力，就是能和自己完全不相同的人交心。举个最简单的例子，如果CEO是位男性，他也必须具备和女性沟通心灵的能力；如果CEO是一个年纪较大的人，也必须能够和年轻人打成一片。

此时，人们所想的并不是“我和这个CEO是不一样的人”。同样，如果没有被对方认可为“CEO和我是一样的人”，那么就无法谈及共感的能力。对于工作人员来说，CEO是一个离他们很遥远的存在，似乎来自别的世界，并使用着别的语言的人。如果让他们觉得有隔阂，这是万万不行的。如果是日本的CEO，即使对中国人、美国人、法国人，也要有一种能力，能使得他们认为“我们是相同的”。

具备较高的实战能力，逆风之下强有力的行动力以及共感能力，这三条是在提出CEO人选方案时的必要条件。

更进一步地说，人们还希望能够在当下领导汽车产业的CEO，可以更理性地理解技术型的课题。比如说，零排放、自发联动汽车以及自动驾驶当中各种技术正在不断地实施。对于这些种类繁多的技术，应该如何理解，这对于公司、社会以及环境会带来怎样的改变，CEO也必须能够做出合理的解释。

我们往往无法预估外派的招聘人员自身的短处

问：我们经常会有向公司外部招聘CEO的情况。戈恩先生，您

之前也不是日产汽车的人。那么对于从外部招聘CEO这件事，您是怎么看待的呢？

向董事会提供后继CEO人选的时候，我们总会遇到在公司内部无法找到后继人选的情况。在这种情况下，现任CEO可能会向董事会提出“虽然非常遗憾，但我们的确在公司内部无法寻找到合适的人选。对此，我们只有试图在公司的外部招聘合适的候补人员”。比如说提出挖墙脚等方案。

然而，挖墙脚往往会伴随着重大的风险。为什么呢？因为从外部招聘进来的人员，我们往往只知道他的各种长处，对于他自身存在的短处，我们却无法看到。

如果是在同一家公司工作的人，相比他自身的长处，我们往往会更加关注到他的短处。因为对于身边熟知的人物，我们往往会更加注意他的劣势。

另一方面，对于不熟悉的人，我们总会更加关注他的长处。诸如“原来这个人有这么优秀的地方，实在是太棒了”之类。但是就像我们能够在公司内部熟悉的人身上看到各自拥有的短处那样，外来的人身上，无论是谁也都会有他的短处，这一点我们必须要分外留意。

轻松一刻

企业改革的主人公是员工，经营者只起到催化作用

问：戈恩先生，您是如何看待您在日产复苏计划中的定位的？因为我注意到很多人都觉得正因为是戈恩先生您的到来，日产公司才引发了现在的企业变革。

引起企业变革的主角并不是起媒介作用的人物。他们正是因为受到媒介人物的刺激，才引发了企业的变革。

这就像往放置着反应物的容器中，放入催化剂后才会引发相应的化学反应那样。这时候很多的人都会觉得，是因为有了催化剂才引起的化学反应，其实并不是这样。引起化学反应的主要原因，是催化剂周围的反应物。

1999 年，当时的日产公司也已经聚齐了能够引发复苏计划的人物，但是因为他们没有牵线搭桥的人物，而我刚好起到了这样的作用，只将那么一点点的催化作用放入日产汽车这个大容器当中，就立马引发了化学变化。

到底引发了怎样的变化呢？具体地通过比较 1999 年和现如今的日产汽车的情况便能略知一二。比如，比较资产负债表附表中显示的流动资金到底有多大的变化，结果便一目了然。不论是怎样的情况，都在向着好的方向发展。

引发企业变革的日产的员工们，他们和20世纪90年代经历经济危机的那一批员工都是同一批人马。也就是说，虽然是同样的人物，但是因为环境的不同，时而碌碌无为，时而能给出卓越的结果。能让这些人产生变化的媒介作用的人物，才是真正的管理者。

学术解说

中间管理层和后继者

| 太田正孝、池上重辅

领导的培养、成长和学习

领导能力到底是与生俱来的天赋，还是后天开发的本领。其实相比于领导能力，商学院的研究学者们更关心的往往是天赋或潜力（Nature vs. Nurture）的问题。也就是说，与生俱来的天赋（nature）与后天培养的潜力（nurture）之间相互对立的关系。而对于领导能力的回答，并非是加大二者相互对立性，而是将极端的两者连成一线或者更有意识地偏向于后天培养的意识。

如今的戈恩看起来是一个将全球化应变能力，有变革意识的管理能力以及快速恢复的能力等等要素集于一身的全球化领导者。然而戈恩原先却并非如此，而是通过各种各样的学习最终成长进化为现在的样子。确实戈恩积累了丰富的经验，我们觉得这对于他后来成为领导者起了不可或缺的作用。但是我们不难发现，身边也有同样是积累了多种多样经验的人，他们最终却没有厚积薄发。

关于领导者应该怎样培养，在学院派和实干家们中比较共通的说法是，想成为成功的领导者，只有通过培养经验不断蜕变（金井，2005；波头，2008）。换言之，作为领导者的特性，可能就是可以“从经验当中不断地学习”。麦考尔（1988）认为：“领导者，并非天赋秉异，而是通过后天不断培养而成”，并立根于此，强调了所谓发现并选拔出那些具备从经验当中不断学习的人才，通过让他们积累适当的经验，从而将他们培养成领导者的“领导能力开发论”。

戈恩 1954 年出生于巴西，父母分别是黎巴嫩系的巴西人和黎巴嫩系的法国人，之后从法国国立矿山学校以及国立理工科学校毕业，就职于米其林，担任巴西以及美国分公司社长一职。在那之后，转为雷诺公司的副社长，并在 45 岁作为日产公司最高执行官（COO）来到日本，成功进行了日产的复苏计划。在 2005 年，成为雷诺和日产两个公司的社长。现在，他不仅仅是两个公司的 CEO，并且也是三菱汽车的会长。

戈恩描述了他在米其林时期的两个难得的经验。一个是“趁年轻被赋予了重要的职责，并给出了满意的成果”。在他 31 岁的时候，通过从事巴西米其林社长一职，35 岁升职为北美米其林 CEO。他不仅在如此年轻的阶段就积累了极其重要的工作经验，并从中学习了很多。另外，明显通过这样的经历蜕变成为一位优秀的经营者。第二，戈恩表示他在担任弗朗索瓦·米其林社长一职时被赋予了公司全部的权力。在雷诺时代，他提出要把比利时的工厂关闭。虽说做最终决定的是当时的社长史怀哲，然而付诸实践的却是戈恩本人。据此，他便有了“成本粉碎机”的绰号。关于关闭工厂一事，比利时国王也因事前没有向劳动者详细说明为由，向雷诺公司发难，一时之间发展成为两国之间的外交问题。面对如此棘手的问题，最终通过挑战大获成功，这也大大地锻炼了戈恩过人的胆识。

更进一步地说，在即将破产的日产进行经济复苏计划，并实施比如（关闭工厂、削减人员等）策略，在他就任的第一个年度就解除了巨额的赤字问题，并在次年（2000）实现了企业大幅度利润转化。戈恩先生每一次成功推进声势浩大的工程，都能够更加强化他作为经营者的那一份自信。

但是，即使我们能感受到全球化领导者的发展势在必行，但是在这方面抱有明确态度进行开发的企业却并不多。在美国财富500强企业当中，只有8%的企业为全球化领导者的培养计划做好了准备。16%的企业或多或少有所参与，44%的企业进行了临时性的应对，32%的企业才刚刚开始准备全球化领导者的培养计划。通过对别的美国企业的调查显示，全体的商业战略、财务系统、生产开发、市场等领域，即使从事了全球化的对接，但仍然缺乏全球化管理人才，而且在职能分化中，人力资源（HR）系统的全球化对应依然发展缓慢。

全球化领导者的培养

那么领导者应该如何培养（nurture）呢。我认为，不只是对领导能力加以分析，或是将产生的要素体系化，而且需要研究领导者自身如何成长，以及通过“领导者开发论”研究如何在实践中探求这种培养领导者的方法。

为了培养全球化领导者，企业以及事业战略之间的联合的重要性（温特顿&温特顿，1999），以及培养模式中融入战略角度的重要性（骆马，2000），都被人关注着。比如说战略性的经营者开发（Management development：MD）中，（1）作为包含了企业干部的组织委托关系；（2）领导者能力作用点由个人向组织转移；（3）可充分活用的技能；（4）具有引起人们特殊重视的技术、才能等的内部人员；（5）向更新变革组织的能力等方面不断注入力量，另一方面能让企业的蓝图和中长期的成长整合起来；（6）MD专家全面参与战略砌筑的整个过程——等方面被人们认为非常有必要（麦克莱兰，1994）。

国际性的人力资源管理，会受到来自企业国际化阶段、国际化进展形态、国际性管理和调整的方式以及全公司战略中国际事业重要性的影响（道林等人，1999），对领导者的要求也源于此。然而MD和此类企业战略的融合却绝非易事。原因是，（1）HR部门往往过度聚焦在内部事务上；（2）反而越来越少地和外部的顾客直接接触（塞伯特等人，1995）；（3）缺乏具备战略部署能力的MD专家（麦克莱兰，1994）；（4）HR部门无法迅速适应极速变化的国际环境，并作出相应调整（塞伯特等人，1995）——等方面受到人们的诟病。同时，也有研究者认为，为了行持有效的MD，需要囊括参与者个人，并使得他们具有主人公的意识（温特顿＆温特顿，1999）。据此，达成国际性MD的目的十分困难。比如说，穆尔维和古雷（2001）在调查中指出，参照对象的企业中，仅有19%充分或者大体达到了MD目标。

能力的活用

能力（competency）的概念在欧美多国籍企业的经营干部培养中广泛运用，能力一词最早在1986年出现在经营者培养的书籍检索中（麦克贝思，1990）。欧美企业已经渐渐在人力资源管理中广泛接纳了这种以能力开发作为基础的领导能力模型，也有许多企业部署了自己的领导能力模型（莫里森，2000）。在对31家倾力打造干部培养计划的北美企业的调查中，有29家公司使用了能力对接方法，并且其中有大半是从90年代后期才开始引入的（布里斯科＆霍尔，1999）。

关于自己公司部署全球化领导者必要的能力开发，布莱克（1997）推荐了（1）全球化商业环境的分析；（2）自己公司的全球化领导能力的阶层明确化；（3）各阶层必要的作用、责任的明确化；(4) 各领导能力阶层中能力的定义；以及 (5) 明确其能力在全球化中产生的（潜在的）影响过程。格里格森等人（2000）的调查中指出，在接受访问的企业中，全球化领导者的能力中有三分之二是共通的，其余三分之一根据企业所在的环境（所属业界、组织特征、战略）而各不相同。

布莱克（1997）将全球化领导者所需的能力分为：(1) 在商业活动中的见识；(2) 关系性管理能力；(3) 作为个人的效果性——这三个部分，并按下述方式详细地展开解释。

● **在商业活动中的见识：** (1) 深入的事业领域的见解力；(2) 创业者的精神；(3) 作为专家的技能。

● **关系性管理能力：** (1) 企业相关利益人志向；(2) 面向组织全体的洞察力；(3) 变革的代理人；(4) 部署共同体；(5) 摩擦的管理和交涉能力；(6) 异文化之间的沟通能力；(7) 影响力。

● **作为个人的效果性：** (1) 强烈的责任心；(2) 好奇心和学习能力；(3) 即兴性和成熟性；(4) 思考的敏捷性。

从戈恩的言行举止来看，我们能意识到其完全符合布莱克所举的全球化领导者的要素。

许多研究者以及实业家将全球化思维模式作为全球化领导者的一项基本条件来看待，斯利尼瓦斯（1995）提出建立全球化思维模式的 8 种要素。分别是：(1) 好奇心和对周围环境的留意；(2) 接受复杂性以及矛盾；(3) 对多样性的意识以及敏感程度；(4) 在诧异和不确定性中谋求机会；(5) 对组织进程的信赖；(6) 向可持续改善倾注力量；(7) 用长期的时间轴看待事物；(8) 系统思考（意识到个别现象的关系性和构造)。

戈恩的思考特征和“在诧异和不确定性中谋求机会”极其相似。志贺俊之（日产汽车副董事长）也说到：“戈恩能够在逆风中不断分泌肾上腺素，转化出更多的机会”。在许多人畏惧的危险环境中寻找机会的思维模式，作为全球化领导者来说是必要的能力。

在领导能力开发方面，90 年代末有人指出，关于运用怎样的能力评估工具仍未达成共识（罗伯茨等人，1998)，并且遗憾的是，这个状态一直持续到了 2010 年左右。而全球化领导能力评价工具的种类已经超过一打。似乎这种现象即使在不远的将来也没法改变 (门登霍尔等人，2013)。原因是，与全球化真真切切地在全球范围内传播相对，全球化领导者的许多能力多半只是基于欧美圈（特别是北美）的研究。麦坚拿（1998）指出以北美的观点作为评价全球化领导能力的基本要素的危险性。本书分析戈恩，这一位立足于日本的日产汽车的法国人身上的领导能力，一方面的原因也在于，这样可以引发其他人研究整合亚欧文化的领导能力。

全球化领导者的开发和训练

和关于全球化领导者必需的资质、技能、能力等相关的共识未达成一致相同，关于全球化领导者的开发也是众说纷纭。图 5-1 中反映了凡·威尔瑟等人（2010）的全球化领导能力的开发模型，体现出促进成长的经验和能力两方面紧密结合的必要性。即使通过经验来促进成长，也不是接受瞬间的挑战，而是以通过评价体系不断完成颇具挑战性的任务，并给出合理的支持作为前提。同时，学习能力被认为是作为全球化领导者的必要能力之一，对于有学习能力的领导候选者，也有必要为促进他们的成长提供相应的培训。

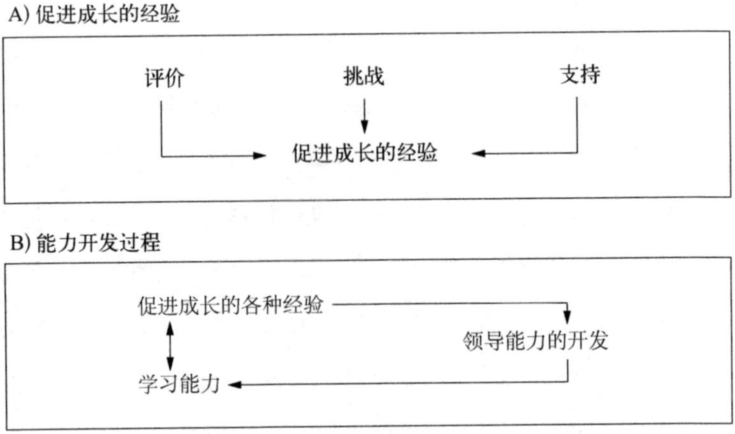

图 5－1　CCL 的全球化领导能力开发模型

出处：E. 凡 · 威尔瑟，C. D. 麦考利 & M. N. 罗德曼（2010）

有学者认为派遣到海外是培养全球化领导者最强有力的手段(格雷格森等人，1998；奥杜等人，2000)。戴尔和欧德尔主张特别是年轻时期派遣全球化经验对于培养全球化领导者至关重要。卡朋特等人（2000）指出，通过海外派遣的经验，可以获得对于全球化领导者必要的海外开发能力，提高异文化管理能力，并且不需要通过长时期的交流就可以构筑相互信赖的关系。这些意见通过戈恩在出生国之外所积累的丰富的商业经验即可得到证明。

虽然现存的许多研究调查了将公司内部人才发往海外的情况，也就是说外向型的交接工作，但是罗伯特等人（1998）却强调了将宗主国的人才吸纳到公司总部所在国的内向型对接工作的有效性。为了将这两个方向的国际派遣效果利益最大化，事前事后的对应工作当然十分重要，而且特别是为这些回国的人才准备其用武之地，也十分行之有效（琉萨拉＆苏塔里，2000）。然而只通过回国之后较高的离职率这一层来看，人们认为太多事例表明，如此重要的国际技能并没有得到很好的发挥（苏塔里＆布鲁斯特，2001）。

在全球化领导者的培养中，国际小组的灵活运用也是行之有效的方法之一（格雷格森等人，1998）。在国际上众多信息交流的重要性逐步增加的过程中，通过适度使用具备国际性的矩阵式组织，不同事业与职能的人突破国家组成团队的机会也越来越多（马兹涅夫斯基＆迪斯泰法诺，2000；布雷克，1997）。通过这些由多国籍成员组成的活动，可以学习到异文化交流的技能，以及国际经验（苏塔里，2001）。然而，这样的团队却容易因沟通和个人之间的问题层出不穷，而导致运营成本的增加（希格斯，1999；戴维森，1994）。因此，在这些成员以及支撑这个团队的企业双方之间的异文化管理、冲突管理、关于异文化组织相互关系的必要训练就显得十分重要（格雷格森等人，1998）。苏塔里（2001）指出这些组织的成员需要尽可能地直接面对面地沟通。日产为了活用矩阵式组织，在某种程度上有意识地通过引起良性摩擦，采取异常快速的反应机制逐步对应。

培训计划是传统的人才开发方式。在全球化领导者的开发中频繁使用（道林，2008）。也可以分为公司内部完美连接以及活用对外部事物的方式。如果是在公司内部的学习，因为能够紧密联系公司内部各种战略课题，所以可以在对接中和各种公司内部事务保持着高度的一致性。如果是对外部事物的活用，不仅能够获得公司内部至今没有的（全新的）认识，也具有寻找到更上手的教习人员的优点。同时，成本虽然有所提高，但是可以通过预定外部的项目，进而可以更好地与公司内部的环境相结合（苏塔里，2001）。

日产充分利用了吻合公司内部情况的订制计划和外部派遣项目两个方面。与此同时，通过作为本书写作动机的 GRLP（Global Resilient Leadership Program）的日产方面的内容和若干的日产员工以及十多个其他公司的干部候补生们参加的计划，使自己公司与来自外部的刺激很好地进行融合再利用时，凸显自身的特色。

CHAPTER 6

卡洛斯·戈恩改变了日产的什么

1 独具戈恩特征的领导能力和作为 COO 的作用——志贺俊之

员工们自戈恩来日产那一天开始变得齐心协力

我在比卡洛斯·戈恩 1999 年 3 月来的时间点还要略早一些的 90 年代初的日产汽车，以及戈恩来了之后的，主要是 2000 年以后的日产汽车的两个时代，都经历了像是漩涡之中的体验。

日产汽车在戈恩来之前和之后的两个时代，发生了翻天覆地的变化。就我个人的感觉而言，戈恩来了之后的日产，员工们开始考虑自己应该朝着什么目标努力，并不断地学会了齐心协力的工作方式。

戈恩来之前的日产员工也同样是认真埋头苦

干。那么，员工们在各自的工作岗位上分别应该朝着什么样的目标呢？亚洲市场担当也许会说："亚洲这块市场比什么都重要"，被派往欧洲市场的员工也许会说："汽车制造商必须在欧洲市场中大获全胜"。即使是关于汽车的种类，有的员工会觉得"开发运动性能的车是必要的"，也有社员主张："应该更好地充实一下卖得很不错的 RV（娱乐休闲类的车辆）"。每一位员工都在发挥着自己的作用，也希望日产汽车可以越来越好。但是，因为朝向的目标各不相同，所以结果不尽如人意。

然而，戈恩来日本之后，散乱的公司内部一下子变得团结起来。曾经主张"亚洲最重要"的员工开始认识到公司优先顺序的重要性，觉得"首先稳定美国的市场，接下来再发展亚洲市场比较好"，并表现出"现在公司打算向美国市场发力，所以我也要想方设法支援美国市场"的态度。

日产汽车的再建计划"日产复苏计划"当中，需要一边关闭 5 家日本国内的工厂，一边向美国的州建设新的工厂。从在日本国内工作的员工来看，应该会觉得"怎么能关闭日本的工厂去支援海外工厂的建设呢"。但是，他们根本没有表现出这种不满，而是说道"我们会好好地协助美国州工厂的建设工作"，并不断地向新工厂预计研发的卡车领域迈进。

我对每位员工齐心协力工作的样子都记忆深刻。同时，一旦员工们的目标一致，就像拧成一股绳一般，一下子提高了日产汽车的业绩。

我时常在想“这到底是怎样的一股力量呢？”

我们很容易只把这种功劳归结于戈恩一个人辛劳的成果。然而，公司的再生产绝不是仅仅靠一个人的领导能力就能实现的。即使是戈恩发挥了领导能力带来的成果，如果我们不懂这其中的“具体构成”，也没有办法领会这种能力的本质。

我自己在戈恩到日产之后，很长时间都陪伴在他的身边。最初在1999年的时候，我作为企划室长兼联盟推进室长的职位，在戈恩的带领下从事着日产汽车和雷诺的联盟提携推进以及日产汽车复苏计划制定的工作。同时在2000年升职为常务，督促复苏计划的实际执行，从2005年到2013年为止，作为最高执行责任者(COO)，担任实现戈恩提出的战略计划的工作。

在戈恩身旁与他和其他实际生产的员工不断地接触，我发现员工们是在戈恩这一领导者的带领下逐渐团结起来的。作为长期在这样一种环境中工作的人来看，我逐渐试着认真地分析“卡洛斯·戈恩具备的是什么样的领导能力”。作出开展本书核心之日产财团主办的专题报告“逆风之下的变革领导能力培养讲座（GRLP）”的企划，也和我自身的想法相吻合。

本书通过早稻田大学的太田正孝以及池上重辅两位经营学的专家，以学术的眼光，对戈恩的领导能力的实际情况加以分析。

另一方面，在本章中，作为一直在戈恩身边，与他不断相处接触的立场，我希望能够描述一些我自身对于“戈恩领导能力的主要因素”的看法。同时，为了大家今后在研究日本企业领导能力实际存在情况时提供一点启发，在此阐述一些在戈恩这一强有力的领导之下，我自己作为COO的考虑，以及相应地发挥了怎样的作用。

我希望成为卡洛斯·戈恩战略的解说者——这也是我从2005年到2013年为止，在最高经营责任者（CEO）戈恩的领导下，从事COO时发挥的极其重要的作用。

2005年左右，从公司轰轰烈烈地完成复苏计划后，经过一段时间，渐渐地在公司内部产生一种“热情减退”的氛围。也有不少社员对于戈恩的意志决定慢慢产生了一种“我为什么要在这时候做这些”的疑问或者抵抗。同时必须对抱有“为什么现在要在印度开一些新工厂”“为什么不是混合动力的车，而是电动车呢”“为什么要重新开展新兴国的日产业务呢”等疑问和抵抗的员工作出说明。也就是说，将他的意志决定再向员工解释一遍，成了我的工作内容之一。“戈恩CEO的想法是这样的”等向社员解释的内容，如果能以向社会宣传的形式那样，向阅读本书的读者朋友们解释清楚我的工作内容，我觉得也是很有意义的。

戈恩特有的领导能力的主要特点（1）——意志决定既深谋远虑，又大胆果断

我希望首先将我自己观察到的卡洛斯·戈恩的领导能力的主要特点解释清楚。

“意志决定既深谋远虑，又大胆果断。这背后必然有不可动摇

的本质和深意。并且，经营手法也忠实于此。”

如果为了写成本书，将其文字化，我想就是上面这句话了。

接下来我将按部就班地向大家阐述我所观察到的这些戈恩特有的领导能力的主要特点。

意志决定既深谋远虑，又大胆果断——这也是戈恩本人执意追求的。本书中戈恩也说到：“深思熟虑以及大胆果断，看似是极其矛盾的两件事。但是虽然两者性质各异，却能够通过互补的方式发生连动。”

为了采取极其重要的意志决定，戈恩会花几个月或者几年的时间，为一项决定进行相当长期的深思熟虑。基本上，他会在大脑中构思出各种各样的策略。饶有兴味的是，相比于作决定，他会试图在下达决定前考虑好：“如果做了这样的决定会带来怎样的后果？”

比如说，我记得，电动汽车（EV）导入的可能性与否，是他在发表实际导入的数年前提出的。第一次提出作为面向新兴国品牌振兴日产的口号，是在复苏计划结束没多久的时候。

并且，在作出意志决定的数个月前，关于决定一事会在我们面前说起。关于他脑海中构思的意志决定，我想他自己也会犹豫不决。尤其糟糕的是，对于他的意志决定，一旦发表公司要么必然沸沸扬扬，要么饱受批评。

为此，首先并不是“迅速将意志决定发表出去”，而是“将自己即将作决定的事先挂在嘴边”。然后之后的数个月都不再提起此事。如果因为自己口中描述的事情引起了公司内部的反抗，那么在作决定之前的这段时间便会“涟漪”不断。想好会不会产生这样的事之后，再进行意志决定的发表。绝不能将自己重大的意志决定性情中人一般立马拍板。如果有自己计上心来的时候，要不断地将其深入，作为意志决定适不适合公开发表，一定要在事前想清楚。

即使作为戈恩周围的我们，在戈恩发表过意志决定之后，再说“戈恩先生，我觉得这样做有点不妥吧，还是不要做了”等等让他撤回决定的话也是无济于事的。因为他已经在做意志决定之前从口中向我们宣说了他的意思，我们应该在那个时候就说出自己的意见。

正因为有了这样的深思熟虑，才有了之后的大胆果断。

比如说，电动汽车（EV）制造与销售等，到目前为止没有任何企业实现的事业，戈恩在最一开始就说到“我们要有制造 20 万辆车的能力”，再向全球进行投资。

在向市场发布基本打破传统机能的新产品时，大体上所有的经营者都是心惊胆战地实践着的。不新设批量化生产的工厂，首先从已经拥有的工厂中试着少量生产开始，不断观察社会因此会发生哪些改变，在起初的阶段以每个月最多 100 台的规模摸着石子过河。

然而，即使按照这种程度开展小规模的事业，也无法压制住生产成本。成本不下压，产品就没法卖出去。为此，必须要有承担风险的决心。戈恩认为，如果害怕转变顾客们的思维，就没办法动手操作新事业。

关于意志决定，为了确定“能有多大胆”，戈恩会经常向身边的我们询问意见。对于被询问的内容，如果我们只是提出临场想出的保守的反对意见的话，我们就无法向戈恩给出有建设性的建议。所以我们会事先准备一些回答方式，比如“我觉得这样可以”“如果是这样的办法也许能够实现”。他会对这些回答仔细聆听，然后找到实际的突破口。

就戈恩来看，越是贴近生产现场的人们提供的意见，就越值得重视。其实即使和生产现场保持一定的距离，也可以提出大胆的意志决定。只是，过于大胆的意志决定往往会遭到强烈的来自生产现场的反对意见，导致最终无法付诸实践。因此，贴近生产现场的人，就会在意经营者们是如何作出大胆决策，并如何让这种意志决定服务于实际的。戈恩通过向我们询问意见，不断地对此作出调整。

戈恩关于意志决定的深思熟虑和大胆果断绝非只有以上的这些。在发表了意志决定之后，他还会再次深入地审视。可以说是非常小心或者谨慎的态度。其实现实中只凭借大胆的行为作出意志决定，并以此来维持经营的人非常多。然而，他在做完意志决定之后会变得更加小心或者谨慎。

即使意志决定的内容看似非常大胆，但是能将其实际执行的却是担当者们。比如，我们可以看一下日产复苏计划中给出最大成果的采购部门。因为采购的担当者需要和现场的供应商经常碰面，所以没办法擅自行动。但即使像这样熟悉过去的工作模式，也没办法直接提高改革的成果。所以不仅需要打破藩篱，保持紧张感，同时为了实现戈恩的大胆创新的意志决定，必须以认真的态度对待工作。

在实行日产复苏计划的时候，采购担当的员工们工作非常认真负责。当时，为了降低生产零配件的成本，将之前供应零件的若干公司精简为一两家公司，并增加每个公司的生产量，以此策略降低单价成本。担当者向各家供应商交涉的时候，当然不仅会有对应关系不容易处理的时候，也有想方设法让供应商接受现状的情况出现。然而，采购者们会真挚地恳求对方说："如果不这么做，我们的企业就没办法运营下去。"于是，让多方认可了此前的方案之后，将各供应链条想方设法地维持住。虽然说改革是很不容易的，但是以此为基础，供应的竞争力提升了，总体来说供应本身也提高了相应的业绩。

为了将大胆的意志决定转为实际行动力，我们进行了详细的计划部署，按现场的能力实际运行，并最终给出了相应的成果。在这当中，能充分地体现出戈恩对于各种对接工作所做的深思熟虑。

大胆的意志决定，通过深思熟虑来不断部署，然后再谨慎地向公司内部发表。在此之后，为了实现意志决定的内容，必须再次谨小慎微地考虑。如此，深思熟虑和大胆果断的结合才能得到体现，或者说戈恩的领导能力才可以得到不断地发挥。

日产汽车的"方针"之一，是"富于独立性的革新，诚恳的态度深入钻研，最后大胆地行动"（Unique and Innovative："Bold and Thoughtful"）。深思熟虑和大胆果断，这也成为了日产汽车身份象征的关键词之一。

戈恩特有的领导能力的主要特点（2）——意志决定的背后隐藏着“本质和大义”

在戈恩深思熟虑又大胆创新的意志决定的背后，隐藏着“本质和大义”。这种“本质和大义”的重要性也是我跟随他15年中所学之一。不论在何种艰难困苦的条件下，只要存在了这样的“本质和大义”，虽说不能从根源上颠覆事情本身，但也可以让周围人产生共同的感受。

所谓“本质”，就是“普遍意义上重要的事情”。这并不是独属于某一种情况，或者装腔作势，具体情况具体分析的思维模式，而是无论何时，何种场面，都可以贯穿其中的正当性。

我们是生产汽车的公司，所以就以汽车作为例子给大家打个比方。比如说，该如何开发“在油耗方面评价非常高的汽车”呢？可以通过减轻汽车的自重以及提高发动机性能的方法，实现油耗方面评价的提高。如果不断在这些方面努力耕耘，便可以制造出“在油耗方面评价非常高的汽车”。这对于“提供让消费者满意的汽车”的汽车制造商来说，是非常普遍，也非常重要的事情。也就是说，减轻重量或者提高发动机性能，就是问题的“本质”。

另一方面，可能说法比较极端，如果仅仅投产于检测时被计算为车辆性能极高的面子工程，也可以在数字上实现“在油耗方面评价非常高的汽车”的计划。通过采取不正当的手段，实现关于油耗评价极高的汽车的生产，的确可能会给该企业带来相应的利润，但是对于“提供让消费者满意的汽车”的汽车生产商来说，却并不能引以为重。

我曾经考虑过，对于企业而言的活动的“本质”，或者对于个人工作的“本质”问题。为什么我要通过这份工作来赚钱呢？其本质就在于“我付出汗水”并且“我能够让顾客高兴”。通过付出辛劳的汗水，让顾客感到满意，因此让顾客支付让他满意的那部分报酬。我觉得这样的工作状态就是工作的“本质”。

像这样让我明确工作“本质”这一概念，并且意识到按照这种本质工作的重要性的人，便是戈恩。

另一方面，“大义”是什么呢？这是做企业或者做人应当遵守的，同时也是对于社会非常重要的做事方法。可以简单地说成：“在社会性角度来看十分重要的事”。

以日产为首的汽车公司在开发并销售电动汽车（EV）的时候，便处处体现着“大义”。伴随着地球的环境问题不断恶化，人们不断担心将来的化石燃料是否会枯竭。在这种形势下，环境负载低，行驶时不排放尾气的电动汽车，是挑战现在社会问题的重要产品之一。

开发自动汽车也具备“大义”。全世界每一年有接近 130 万人死于交通事故，特别是，不仅在日本，在全世界都不断老龄化的进程中，老年人发生交通事故的比重不断上升。相对地，自动汽车能避免因为人的失误造成的交通事故，一旦普及，交通事故确实会大幅度下降。也就是说，在社会中，能让自动汽车不断普及，可以说是既对社会极其重要，又颇具大义的事情。这种技术值得我们不断磨炼。

说到戈恩的意志决定中有什么能够作为铺垫的，那便是“本质和大义”。反过来说，如果“本质和大义”中欠缺了任意一项的决定，戈恩便不会去做这样的事。他绝不会作出类似“你就不能想想办法吗”“你就帮我敷衍过去吧”“和政府交涉交涉想方设法把这件事瞒过去”的瞒天过海的决定。

戈恩具有看破本质和大义的本领。他所做的决定中普遍贯穿着洞察什么是最重要的思想，同时对于社会而言什么是重要的观点也贯穿始终。比如，为女性谋求更多发展的工作机会就普遍意义和对世界来说都是很重要的。所以，他将这种重要性不只是面对日本，同时面向全世界不断输出着。因为他是站在本质以及全世界普遍通用这根思考轴线上考虑问题的，所以无论在什么情况什么时间所做的决定都没有偏差。关于这一点，我认为，在他做意志决定的背景中不仅足见他的特点，也有许多优秀的地方。

即使关于日产和雷诺的提携助力这一点，戈恩也是站在“本质和大义”的角度来考虑的。这两个公司并不是按照现在普遍意义上的提携形式，因为一旦采取了合并的形式，日产汽车的员工会怎么想。同时，雷诺的员工又会怎么想。具体来说，一旦合并，原本日产汽车的员工就要为雷诺工作，反之亦然。无论如何，他们可能都会觉得：“这个工作没法做下去了”。正因为戈恩持续关注着员工

“本质”的部分和自身企业的身份意识，所以日产和雷诺才可以维持着特殊的提携形态关系。这与前一节中所讲到的“深谋远虑”的内容是互相关联的。

戈恩可能是通过世界各国不一样的工作经历体会到这种“本质和大义”的重要性的。巴西、黎巴嫩、法国、美国以及日本，在如此众多的国家从事商业活动，如果没有想法中“本质”的部分那是万万行不通的。如果只考虑日本国内的商业运作的话，那么企业之间的交谈会便要频繁举行。同时作为默认的规矩，企业必须服从相互之间的契约。然而，这种商业习惯并没有在全世界范围内推广开来。越是同世界各国和各种人一起工作，越是要用各国人都适用的通则来作出判断。

早已从经营执行委员会中退出来的人说：“戈恩先生是在洞悉了人的本质基础之上来做判断的”。确实，我也深有同感。

然而，戈恩并没有因此否认日本国内特有的风俗习惯。他正是在身体力行着“入乡随俗”的原则。在日本与日产结缘的人一旦去世，他都会亲自在告别仪式的屏风前低头站立两小时之久。戈恩觉得，因为这是日本的文化及习惯，所以，绝不能有丝毫的厌弃。

把握住了“本质和大义”的领导意志决定，会变得强而有力。因为这样，无论在何种状况下都可以应对自如。日产推举的电动汽车、零排放、自动驾驶等事业都具有普遍性，并且对社会也是很重要的部分。也就是说，本质与大义兼具。在推广这些事业的进程中，即使有问题出现，只要能保持基本的“本质和大义”不变，任何突发的情况都不值得大惊小怪。可以转化思路，认为："我们所做的决定绝没有错。如果真的感觉有何不妥，那也只是时机不对而已"。

在企业组织中，经常能看见上司对下属作出这样的指示："这是上面作的决定，所以都给我好好做"。然而，这样做既失了本质，也没了大义。即使上司说了这样的话，下属也只能感觉到："怎么能给出这种指示呢"。虽然如此，向下属作出这种指示的上司可能自己也会疑惑："干吗要做这样的决定呢"。上司为了将自己理解的内容传递给下属，必须要在上面给的意志决定中找到相应的"本质和大义"。

对于声张"本质和大义"的意志决定，人们一般都会感到有些不可思议。正因为人们觉得："这应该很重要"，所以人们才会想"好吧，我就按照这样去做"，并顺从于已做的意志决定。

戈恩特有的领导能力的主要特点（3）——经营手段是需要稳扎稳打的

还要说一点，就是关于"经营手段是极其忠实的"这一点，加一点我自己的解说。

从戈恩的经营方法来看，可以清晰地看到，他解决问题的考虑方式是非常扎实的。他的经营方法和综合性品质经营（TQM：Total Quality Management）中的方针管理在结果上极其类似。制定公司的计划，并设定计划中重要的业绩评价指标（KPI：Key Performance Indicators）。同时，在执行了计划一定时间之后，如果下调了 KPI 的界定值，则立马指示说："需要提出改善的策略"。如果无法看到改善的可能性，则判断为："必须追本溯源地进行调整"。

这样的管理一旦彻头彻尾地进行下去，每一处担当部署的人事都能自行地遵从并提出自身的改善策略。比如说，在某一市场内，如果上个月和这个月销售的目标都没有实现，那么，相关担当部门需要探明原因，制定出改善的策略。如果即使如此还是无法达成目标，就必须考虑釜底抽薪式的替换相关部门责任人的改善策略。

我并不知道戈恩是否系统理解了 TQM。然而，作为系统学习过 TQM 方针管理的我来看，他的经营方法完全和 TQM 如出一辙。

比如，日产汽车在他来了之后，便导入了叫作"V－up"的问题解决方法，问题解决的方案策略渐次制定完善。这套 V－up 方法本身也容纳了许多 TQM 的重要方面。在充分定义了问题的本质之上，一边使用着 TQM 中被运用到解决实际问题的亲和图、系统图、流程表等工具，一边制定出相应的策略。

同时，不断促进"PDCA（Plan Do Check Action）周期"的方法也是 TQM 的基本行动之一，当然这也被戈恩不断使用着。P 和 D 的阶段，分别将精力投入 5% 到 P，95% 到 D，进而动员员工们行动，余下的 C 和 A 则采用自发式上传下达的方法。也就是先委托生产现场，由上层进行 C（确认），再考虑 A（行动）的形式。

戈恩说过，领导者必须是"问题解决者"。他的脑袋中就像装了许多的收纳盒一样，像"这是当下的问题"这样的情况他的脑袋中就不下十个左右。如果某个问题装了三个月还是得不到解决，周围的我们就会感觉到："戈恩应该立马就会作出相应的判断。我们需要迅速地采取改善的措施，尽可能地化解当前的问题"，力图谋求相应的改善效果。即使在 TQM 的方针管理中也是如此，先事先设定一定的生产数量作为目标值，再确认每个月有没有突破界限值。如果没有超过则立一个红色的标志，如果三个月持续没有达到相应的目标，管理层需要提出相应的对策。戈恩的经营方法也和这一方法极其类似。

那么，在目标未完成或者问题没有解决的情况下应该如何是好。我们可以在这个时候选择停留在给出改善方案的阶段，还是尝试实现重大突破，或者变更根本的组织构成。因为经营的方法和思路基本在扎实地完成，所以我们大体能预计到戈恩会采取怎样程度的策略。如果改善的层次明显得不到戈恩的认可的时候，我们会事先准备好备用的根本性解决方案，然后再向他汇报。

我觉得，如果 15 年以上一直在某一个人身边工作，大体能猜出"这个人接下来可能会这么做"。特别是戈恩总会基本忠实于原先所做的决定，所以更容易识破他"接下来"的行动。经营方法的一致性也是如出一辙。

作为 COO 的职责（1）——像戈恩的"耳目"在生产现场奔波

接下来我要说一说作为最高经营责任者（CEO）的戈恩，和我从 2005 年到 2013 年从事的最高执行责任者（COO）这两个工作之间的关系。我听说人们比较关注 CEO 和 COO 以领导能力互帮互助的方式展开经营体制这一问题。并且，我也经常被问到："志贺先生，您和外国 CEO 戈恩先生是如何保持如此长时间的工作关系的?"就我的经验来看，我所想到的是，尽自己的力量为组织采取这样的制度添一份力。

我 2005 年开始从事日产汽车 COO 一职。同年，戈恩也兼任了雷诺的 CEO，能够投入到日产的时间因此削减了一半。在这种状况下，我在日产成为了第一个担任 COO 的日本人（戈恩从来日产之后，到 2001 年担任 CEO 为止一直负责 COO 的工作）。然而，我记得当时在世界上并没有太多知名的 COO。

戈恩也并没有直接向我表明 COO 的职责是怎样的。我自己在就职 COO 的时候，一直在思考"COO 的职责到底是怎样的"。

对于刚担任 COO 的我，戈恩像是在无形中告诉我"这次会议，你就来做议会长吧"那样，将原先议会长参与的会议的一部分，完全委托于我。在交接的时候，我深刻意识到责任分担这一层面的问题。战略和计划由 CEO 做好意志决定之后，事业的执行责任就全权交由 COO 也就是最高执行责任者来承担。作为 COO 的我也有了需要承担责任作出解决方案的企业问题。但是，最高经营责任者 CEO 也有他需要解决的问题。据此我试着自己决定该做哪些事。

然而，在我就职 COO 之后的第二年，也就是 2006 年的时候，日产在复苏计划后做出了第一次减少收益的决算。戈恩在出席下调年度业绩的决算报告会时对记者团说："日产正处在危机之中。"

这个时候，新闻报道打出了"志贺 COO，将遭遇两年之后的人事更迭吗"的字眼，而且我也了解到公司内部不断有声音指出"如果戈恩能将 100% 的力量投入到日产当中，也不会闹出现在的局面了"。我当时为此十分苦恼，心想："戈恩对日产投入的力量是 0.5，而我在就任 COO 以后投入的力量是 1，加一起应该是 1.5 的投入，为什么在我上任 COO 之后的第二年就会作出减少收益的决算呢？"

在当时，戈恩给我的鼓励是："提名让你做 COO 的人是我。所以，既然提了名，我也有连带责任。因此，我希望你能够在 COO 一职上继续做下去，加油！"

当时我的回答是："戈恩先生，我必须要做到您花出全部力量能够得到的成果。"

戈恩观察日产生产状况的时间仅存一半。所以，我意识到他会更希望由我来充当他的"耳目"，辅助他的工作。包括观察预定的进展是否顺利进行，公司内的氛围是否良好以及社会是如何看待日产等在内。因为戈恩大半时间不在日本，取而代之的是，我必须要担负起详细说明现场情况的职责。

一旦实际需要执行已经确定好的预算计划时，我就必须要了解公司的进展情况如何，市场是怎样的状况，或者员工们是什么样的情绪等情况。如果只一味地待在公司最上层的领导办公室内，是获取不了这些信息的。我决定不断地在日本国内外的销售公司以及生产工厂奔波。通过这样，我意识到自己渐渐获得了员工们的认可，觉得“志贺先生在一直融入生产现场”。

也就是说，为了向 CEO 汇报企业内的情况，奔波于生产现场并不断获取信息的工作，就成了我作为 COO 的职责之一。

作为 COO 的职责（2）——作为戈恩战略的“解说人”

作为在戈恩 CEO 身旁担任 COO 一职的我，还有一个职责，就是担任解说人的角色。关于戈恩作出的意志决定，向众人解释为什么这样做，对于现在的日产而言是必要的。

我一直在公司内部通过发送叫作“志贺见闻录”的信息向众人作出解释。在组织内部通信网络中，我会按每两周一次的频率发送。虽然说在我担任 COO 之前，在做常务的时候也发类似的“见闻录”，但是，在担任 COO 之后，我更加意识到自己需要发挥做戈恩解说人的这一职责。

2008 年 6 月 10 日的“见闻录”中，在新制定的“日产 GT2012”即将发表之际，我向员工们说明了这一项事业计划。

“日产 GT2012”～来自每个人的诉求～

（略）首先，最初的特征体现在五年计划当中。这也是在回顾了众多计划之后得出的结论。NRP 之后的三项计划几乎每一项都维持了三年。（略）从稍长期的方向性以及对社会的贡献来看，我们决定将公司范围内理应研究的问题承担下来。这不仅是对品质，也是对环境（EV）的追求。我们考虑到，将在这些领域中持有强有力的优势性作为日产的奋斗目标，并希望将其转化为支撑日产持续赢利的主要因素。制定计划的过程中，包含了 EC（执行委员会）组织成员通过不断的讨论总结出的概念描述。在此我们稍微做一些介绍。

“日产认识到，需要将信赖（TRUST）作为和顾客维持关系的基础，并将我们对品质、安全以及环境的承诺作为持续成长（GROWTH）的保证。对社会以清晰可见的方式承担责任逐渐成为日产 2012 年的核心思想。日产接下来将持续对环境担负起责任，并同时通过向社会不断提供令人兴奋的可变性，进而丰富人们的生活。”（后略）

如此，EC 已经将中期经营计划如何制定，以及应该重视什么内容，对员工们做了详细的解释。

在此之后，世界虽然身陷次贷危机的经济危机中，但是我们却在 2009 年 1 月 7 日，将戈恩在员工面前宣说的信息再次以“将危机变为机会”的形式向员工们发送。

“2009 年的挑战”～来自每个人的诉求～

（略）我想大家也聆听了戈恩 CEO 在 12 月 16 日和员工进行的意见交流会上的指示。公司为了处理好世界性的经济危机，会不断地制定各种对策。然而，与此同时，作为日产长期竞争动力源泉的零排放车辆的品质追求将不断进行下去。我们会在眼前的危机状况以及长期的研究工作两方面作出不断的挑战。

我认为“将危机变为机会”这项计划可以解释为，在危机状况中维持并强化竞争力，进而突破危机的意识。为此，只消极地静观其变，等待危机过去是远远不够的。还需要保持对未来的蓝图憧憬，以及在危机中不断向前迈进。这也会孕育出新的机遇。我们的目标是在2010年量产电动汽车。为此我们会让必要的开发以及生产投资持续进行下去。这种技术性的改革会引起已有100年历史的汽车产业内的典范转移。在这样百年一遇的经济危机中，我们要努力完成百年一遇的划时代的转变。这正是充满梦想和对未来蓝图的挑战。这个梦想也和当前“拯救地球”的梦想紧密关联。(后略)

公司内部的意志决定，基本只是向下传达决定的内容。然而员工们却很难了解其中的背景。如果只告诉他们“这一次我们决定在俄罗斯建设新的工厂”，那么他们可能会嘀咕“为什么是俄罗斯呢”。如果我们将意志决定的原因告知他们，他们便会理解这一项意志决定其实和他们的工作也息息相关。

这虽然是我个人的考虑，但是在企业中看起来像是“信赖公司的上司”“信赖公司的方针”“理解并支持公司的方针”的项目中的经营品质（QM：Quality Management）的水平，以及“基于公司方针工作的话会倍感有意义”的项目中员工的积极性（Employee Motivation）的水平越高，公司就会发展得越活跃。因此，我觉得仔细向员工解释为何会作出这样意志决定的原因是势在必行的。

如果因为戈恩就职于雷诺的 CEO，而导致他仔细解释意志决定理由的机会锐减的话，那么就理应由 COO 作出相应的补充工作。

作为 COO 的职责（3）——直接管辖和日本有关的工作

到目前为止，我作为 COO，一直向外传达了收集公司内外信息以及充当 CEO 解说人的两个作用。这些都像是相对于戈恩对日产倾尽全力的形象作出的补漏补缺的工作。

另一方面，我通过担任 COO，也充当了一部分被人予以高度期待，希望作为日产上层能够具备提高领导能力附加作用的工作。我作为日本人，直接管辖日本市场的事业就是其中之一。

作为从 2000 年到 2001 年的“日产复苏计划”的延续，2002 年到 2004 年的中期经营计划“日产 180”将日产汽车在全球范围内的销售业绩一举提升，可是日本范围内的业绩却仍然在苦苦挣扎。“日产 180”计划将每年汽车销售数量从 2001 年的 70 万辆，在 2004 年到 2005 年提升到 100 万辆，可是最终只提升到了 90 万辆。虽然销售的数量增长了 20 万辆，但遗憾的是因为并没有达到目标，所以没有得到认可。

于是乎，在 2005 年我担任 COO 之后，按上述方法思考了自己的作用，并向戈恩提出由我直接管辖日本市场的意见。我认为自己作为日本人，管辖在日本区域内的工作相对容易一些。

关于日本的市场方面，就 2011 年发生的东日本大地震，从戈恩来看，通过志贺亲自上阵的指挥或多或少能够放心许多。并觉得“在日本发生的种种事情可以让志贺担任恢复的工作”。

因为基本方针不变，所以事成与否一目了然

结果，到 2013 年 11 月为止，我在戈恩 CEO 名下作为 COO 一直工作了八年零九个月。对于事业计划的各个目标，我也试着按照是否突破目标超额完成任务，还是与原目标持平甚至低于原设定的方式检测自己的成绩。

于是乎，差不多在我从事 COO 的这 9 年当中，结果是 3 胜 3 败 3 持平。事业计划方面，我们会向企业股东们声明“我们会尽力而为”，所以 3 败这种事情，某种意义上来说并没有完成股东们的期待。另一方面，在因为次贷危机导致的经济迟滞，以及东日本大地震的危机中能够获得这些成绩，我们还是深感欣慰的。

重新回看 COO 的工作职责，我认为是“自己能够在适合自身的岗位上发挥着作用”。2014 年产经新闻“头号人物的时代”特辑中，有一篇关于我自己作为头号人物的特别报道。我并不知道用来形容受雇者的头目统领整家店的“头号人物”用在作为 COO 的我身上是否合适。但是，在《三国志》中，辅佐刘备以及刘备之子刘禅的诸葛亮这一“老二”的位置，我却是十分喜欢的。

不管我自身能否顶替这样的位置，领导者越是具备王者风范，

处于“老二”地位的人就越是要给人感觉“只要跟这个人商量，他就会把我们的话传递给大领导”。

可能COO对CEO，或者“老二”对“老大”，一旦商量了一件事，便要不停地商量其他许多事。如果产生这样的关系，那么权限委任将形同虚设。整合权限委任的形式，也是共有型领导能力的形式之一。

在这一点上，如前所述，戈恩作为CEO提出的方针没有丝毫的动摇。在他的身旁做事，我们会明确知晓“这件事是没问题的”“这样做并不好”。我身为COO的时候，我们会平均每月一次地进行一对一会议。秘书们也会尽可能想办法为我们调整出这一个小时的时间，一般戈恩会问：“志贺先生，现在一切还顺利吗？”所以我在一切顺利的时候告诉他：“没有任何问题”，他听闻会十分放心。如果并不是一切顺利的话，我会回答说：“大体还算顺利，不过可能出了一些小状况……”听闻这些，他一般会镇定地坐在椅子里，说：“告诉我发生了什么”，并开始我们的会谈。

我觉得我们之间形成了一种称得上是“休戚与共”的关系。

要对自己想做的事情抱有野心

在本章中，由一直在身边不断观察接触的我为大家描述了作为日产汽车CEO的卡洛斯 · 戈恩的领导能力的主要特点。总的来说，有“意志决定既需要深思熟虑，又需要大胆果断”“这背后必然时常存在着毫不动摇的本质与大义”“经营手法是极其忠诚的”三个方面。试想一下便会领会，正因为戈恩特有的这些领导能力，日产的员工才能够劲往一处使，变大变强，在日产的复苏计划以及之后的成长中都能源源不断地输出力量。

同时本章也描述了在戈恩 CEO 名下担任 COO 工作的我如何发挥自己的职务作用。本章主要围绕“获得生产现场‘情报’并向戈恩汇报”“作为戈恩的解说者”这类后勤的角色，以及“关于日本国内的生产事业以及展开实际指挥”这样的附加价值展开介绍。并且也描述了作为领导者的多种多样的表现方式。

我认为，购买本书的读者们，应当要么是对卡洛斯·戈恩这位领导，要么是对领导作用以及领导能力的思考方式感兴趣。

所以我希望读者们可以对“自己想做的事情”充满野心。希望大家能将“将来，自己也要成为经营者”“开一家公司”“从事带领其他员工的工作”这些当下的愿望作为人生的目标之一去追求。我认为，在年轻人中能持续谱写“我的梦想就是成为 CEO”人生蓝图的人数多寡，直接决定了日本企业能否蒸蒸日上，甚至代表着日本的未来。

学术解说

共享型领导能力

| 太田正孝、池上重辅

到目前为止，我们对戈恩的领导能力从各个方面进行了分析，

也试着了解到戈恩先生身旁重要的工作伙伴——志贺俊之的作用。

虽然说有许多值得向戈恩学习的地方，但是如最初描述的那样，领导能力没有最优解。就算自己再怎么想掌握像戈尔曼分离出的四种类型，或者在此基础上继续细分的领导能力，可能也有很多人觉得自己没办法仔细区分出这些类型的差别之处。作为如何解决这种问题的方法之一，领导者可以通过召集人马组织一个小团队，进而补足自己不具备的领导能力类型。

这就是共享型领导能力（Shared Leadership）或者顶层管理团队（TMT：Top Management Team）的概念。然而，这一领域的研究在日本却并没有什么进展，所以即使我们在论文数据库中输入共享型领导能力，也很难看到已有的论文资料。

基辅（1954）提出在多人之中共享领导能力的作用、责任和机能的想法。之后，优克鲁（2002）把这种公式化的领导能力在团队中不断细分的情况叫作共享型领导能力。古龙恩（2002）指出即使在像是一个人独揽大权的情况之下，他也是和其他人共有领导能力，所以这并不是在个人独揽领导能力或者共享型领导能力中二者择一的情况，而是程度的问题。

戈恩和志贺的关系，由一开始的 COO 和常务理事会成员变为 CEO 和 COO 的关系。乍看之下，似乎像是戈恩先生在单独地行使领导能力，但实际上是通过和志贺之间共享型的领导能力，进而使得戈恩的领导能力更具效果。

戈恩和志贺的关系，也可以从拥护者能力的观点来分析。凯莉

(1992) 指出，在企业业绩中，领导者的贡献只占 10%～20%，而余下的 80%～90%全部来自拥护者。可以说支撑整个企业走向成功的真正原因是来自拥护者们。凯莉通过对超过 700 名拥护者的访问，表 6－1 将拥护者能力用积极参与（active）/消极参与（passive）与独自的批判性思考（Independent critical thinking）/依存性·无批判的思考（Dependent，uncritical thinking）的轴线关系分为五类。

表 6－1　凯莉（1992）的拥护者能力类型

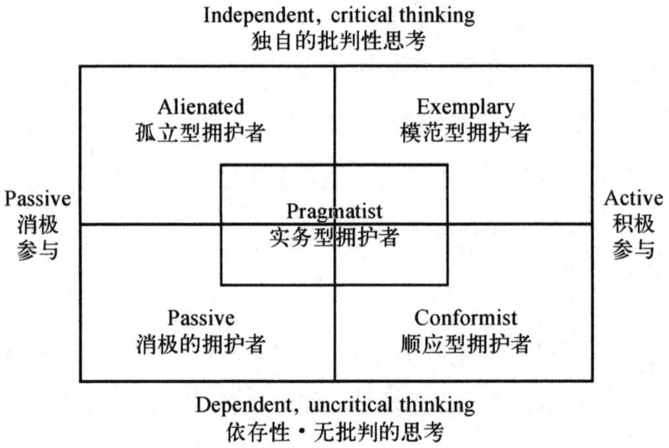

出处：凯莉（1992）P97，日译 P99

模范型拥护者虽然只占全体拥护者的 3%左右，但是他们具有独自的批判性思考能力，能够孕育出具备革新性、独创性和建设性的批判意见，并能自如地和领导接触。即使组织中存在着艰难险阻，或者身边有太多没有生产效率的同事，他们也可以为了组织的利益充分发挥自己的才能。孤立型拥护者虽然也具备批判性思考的能力，但是他们并不能积极地发挥自身的作用，在周围人群中存在感很弱。这样的类型所占比重只有 15%～20%。顺应型拥护者将接纳领导命令，屈从领导的权威，并顺应领导的判断作为自身的义务。这种类型占全体的 20%～30%。消极的拥护者和模范型拥护者处在对立面，并不会做出超过自己职责范围的事情。消极的拥护者占 5%～10%的比例。最后实务型拥护者占全体的 25%～30%左右，他们对于冒险性行为的心理承受能力较弱。虽然他们会积极地完成好手头的任务，但也会回避失败。

志贺将共享型领导能力和模范型拥护者的主要因素合二为一。如果没有进行调查，可能对志贺先生属于哪一种类型会不得而知，一般情况下人们可能会认为志贺属于共享型的领导能力。同时，作为 COO，不仅成为戈恩先生的“耳目”，并且从解说人的角度上来看都在分担着一些领导能力。从戈恩先生把控全球的局势，志贺先生直接统领日本市场的地缘方面也能看出这种领导能力的分担关系。

另一方面，志贺先生不仅作为拥护者能很好地理解戈恩先生的意思，并且，为了将组织利益最大化，也会在必要的情况下对戈恩先生直言不讳，并不断起到扩充的作用。特别是志贺先生的存在弥补了戈恩先生因外来性带来的缺陷。

在日本经常能听到“头牌论”一词，这其中便包含了共享型领导能力和模范型拥护者两个层面的意义。

CHAPTER 7

可适性领导能力

——化解纷争的危机管理，可适应性

1 领导者应当具备的可适应性

失败是常有之事。看破这一层并能够从失败中彻底站起来的力量才是可适应性

问："可适性领导者"是怎样的领导者？

"可适性"指的是"可以恢复的力量"，同样也有许多可以称作"可适性领导者"的人物。

那么"恢复"是什么意思呢？一般指的是从坏的状态还原成正常的情况。也就是说，可适性的领导者虽然历经挫败，但仍然具有从失败中恢复过来的力量。

人不管是不是领导，都会有失败的时候。但即使如此，具有可适应性能力的领导者能够直面困难，找到对应的办法。

一旦遇到困难，被意想不到的困境逼迫的时候，谁都会想：“自己并不想陷入眼前的这种困难的地步”。如果他是一位领导者，便很容易被人们当作攻击的对象，说道：“看，那家伙居然如此一败涂地”。

在这种恶劣的状况下，如果没有可适应性，也就是说如果不具备恢复过来的能力，那么这位领导的名望将会比现在更加遭受重击。作为领导者，如果不敢直面或是怠慢现在的失败，那么他便很容易因此失去领导者的地位。或者说，即使对失败主动出击迎头改善，但是因为对应不周加剧了格局的恶化，那么接下来的事态将更加棘手。可能最后会被迫离开领导者的岗位。

领导者需要具备的，是时时刻刻意识到：“失败是对领导能力的一种威胁，也是在自己的生命里时时刻刻可能发生的事态。”如果有了这样的心理准备，现实中再遇到失败的话，便能够增大对应的成功率。这样的领导者才是具备可适应性能力的领导者。

通过人们的话语，对问题防微杜渐

问：戈恩先生，您说过，如果我们意识到自己工作不顺利，或者所作所为有悖常理，那么就需要及时调整修复。那么，我们该如何防患于未然，知晓问题发生的征兆呢？

即使是顶层的管理者，如果只一味地埋头于办公室内读着一些报告，那肯定会招致失败。我们发现自己的作为有悖于常理时，往往是因为自己没办法做到防患于未然。仅凭一些报告当中显示的冰山一角的数值、数据，是无法把握事态发展的全部状况的。

那么，最重要的显然是倾听其他人所说的内容。和人们接触的时候，他们会直接或间接地告诉我们现在的情形。同时，当现在发展的方向有误的时候，也会主动地提醒我们。

当然，并不是所有人都会口径一致地对我们说："这样做下去是不行的。"但是，我们能从多数人，比如"必须提高开发的速度""现在放缓生产速度比较好""必须改变这项服务"的话语中警觉事态变化的征兆。

人们一般会根据疼痛知道自己身体有异常出现。如果无视这种病痛，可能会有患大病的风险。经营也是一样的。在同别人的交流中知晓问题发生的征兆，并发现原因，不断地改正完善。

察觉出变化，并做出决断，不断支持实际执行，才是领导者的工作

问：您能具体说一说如何面对状况的变化，早一些做出行动的事例吗？同时戈恩先生，您有没有自己会特别注意的地方。

所谓企业的领导，特别是大规模企业的领导的工作，就是察觉到变化的征兆，对此做出新的决断，如果这种决断十分具有挑战

性，那么自己就要不断地去跟进。

我们关于电动汽车（EV）事业，在2007年决定“我们需要赶在其他的生产商之前制作出面向市场贩卖的EV”。

当时，虽然推出了高尔夫球车这样的小型EV，但却没有实际销售的EV。在所有生产商都没有行动的时候，我们决定率先开始这项事业。

决定这项事业的原因并不是像神仙指路那样瞬间闪现了一点火花，觉得“我们要发展EV”。而是我们根据市场调查中不断地对比和分析信息，察觉到汽车尾气的问题越来越严重。在此基础之上我们做出了“没有任何一家企业着手。但是EV绝对是未来的一个重要组成部分。现在必须开始行动了”的决定。

现在，大约过了十年，情况如何呢？其实每一家汽车制造商都在从事EV的生产。就在我们决定投入EV事业没多久后的2008年，德国大众的CEO曾对我们这项事业发过难。但是，时至今日，他们却说在2025年销售的车辆中将有25%会是EV的市场份额。我想他们应该是忘记了自己过去说过的话，并且他们意识到自己没有加入EV事业的决定是错误的之后，为了不错过这个市场现在开始拼命地修正自己的道路。

除此之外，我做出的向中国市场和俄罗斯市场进军，以及向三菱汽车出资的决定，也是在收集了许多信息，发现这样做会给日产汽车带来很多好处的前提下，才将其付诸实践的。

领导者在做出具有挑战性的决断之后，也应当在接下来的实际执行的阶段不断地跟进下去。并需要在其中紧跟并支持担当的团队，不断地确认当前的情况。必要的时候还需要不断修正战略部署，进而得到更好的结果。而不是说所有的责任全部交由担当的团队，自己毫无作为。

特别是在做出颇具挑战意味的高风险的决定时，领导者在自己做出决断之后还需要不断地深入跟进，支援团队。要事先决定好处理事情的优先顺序，对于顺利发展的事业可以进行权限委任。另一方面，对于复杂而具有挑战意义的事业需要深入地从事其中。

2 逆风之下必须发挥的领导能力，问题解决能力

应该在事情发展有不妙的征兆下做出迅速的反应并行动起来

问：成功的人和失败的人，是在哪些方面，通过什么方式区分开来的呢？

成功的人和失败的人的最大的区别，就在于它们能否意识到事情正在慢慢走向不利。成功的人对这种不利的趋势特别敏感，并能做出迅速的反应。因此，他们不会有特别大的失误。

失败的人根本不会对不利的趋势做出任何反应。即使出现了一

些征兆，他们还是会继续之前的做法，最终陷入“亡羊补牢为时已晚”的境地。

成功的人也曾经历失败。因为人们不可能在每一次的决定中都能给出完美的答案。重要的是，能否在意识到不正确的时候立马改变已有的决定，对此采取迅速的改变措施，并向人们解释更换决定的原因。

但是，即使看到事情朝着不利的一面发展，如果仍然抱着“再看看情况，暂时按兵不动”的想法无动于衷的话，接下来将遭受失败的重创。人们一般会在意应该提前多少时间意识到事情往不利方向发展的征兆，并且对此如何采取正确的行动。

对事物的征兆立马做出反应，其实并不是一件容易的事情。因为有时候事情往坏方向发展的原因并不明朗。我们必须要探明原因，到底是人才配置出了问题，还是团队体制的机能发挥得不到位，是商品本身很劣质，还是投入流水生产的时间点太晚。

有时候，我们也许遇到让人感觉“啊，真烦”的状况。比如，氛围差、给不出业绩、对别人的指令心怀不满、内容含混不清等。如果有以上的感觉，说明已经亮起了黄色信号灯。在这一阶段，必须严格分析如何彻底地解决当前问题，在得到答案之后集中精力，对此实行果断的行动。

大家也应该经常会遇到必须给出行动力的情况。我现在也是每天都在面对这样的情况。

即使做了决断，也需要在此后不断修缮

问：日本有“大赢家”这种说法。戈恩先生您觉得在常胜的组织或者领导者中，有没有什么共同的重要因素。

常胜组织或者领导者，能够在组织偏离正常轨道的时候清醒地意识到“现在我们已经偏离了正常的轨道”。

现在的世界中，我们经常被迫去作许多决定。因为状况千奇百怪。即使在汽车业界内，新的技术也层出不穷，新的商品日新月异，新的市场也在不断抬头，新的企业、供应商、其他竞品的公司也不断涌现。我们置身于必须不断迎合新情况，并不断接受挑战的现状中。

在这样的状况中，我们必须对接下来前进的方向做出决断。然而，正如现在所说，我们要考虑的因素有很多，有的时候决断未必准确，所以在做好决断之后，我们必须时常警觉前进的方向是正确的还是背离了常规的方向。

像谷歌这样的企业，向市场投入新的软件时，能够认识到这个软件中必然存在相应的问题。他们并不是因为当前软件完全没问题才投向市场的。在投入市场后，如果听到消费者在使用过程中表示“这儿有问题”“这个地方使用的时候不太方便”，便马上进行相应的改进。软件的完成度通过市场的实时反馈不断完善。他们绝不会

做出对消费者的疑问置之不理，进而任其发展的事情。

3 努力从危机中超脱出来，再进行不断的复苏计划

身陷危机的时候，首先必须考虑如何解脱出来的办法

问：戈恩先生，您在 1999 年刚来日产的时候，对于公司面临的危机状况，您有没有描绘出什么未来的前景呢？

身陷危机的时候，我会首先想出如何从危机中解脱出来的办法，并努力实现。

正在不断发展的危机状况，就像发生火灾。火烧眉毛之际，我想一般人是没法去想“我十年之后应该怎么办”的问题的，而是会去考虑我该怎么生存下去。

日产汽车在 1999 年的时候，就处于像这样必须要奋力逃脱的危机状况。对此我思考的是火势强在何处，火势增强的源头在哪儿，以及如何使火势熄灭的问题。根本无暇顾及 15 年或 20 年后的日产汽车应该成为怎样的公司这类问题。

一旦火势扑灭，接下来分析的就是如何重建家园。也就是说，考虑公司基本恢复健全机制的问题。在此之后再谈如何引导日产汽车的话题。

为了从危机中摆脱出来，我发表了极强有力的声明公告。在1999年3月我来日本之后，到3个月后的6月份的股东大会上我被任命为最高执行责任者（COO)。同时在10月我发表了“日产复苏计划”。

这个计划中，我将2000年年度内实现企业收益良性发展，并在2002年年度内将营业收益上涨4.5%作为必须达到的目标。如果其中任何一项目标没有实现，我将立马走人。

直面危险状况的时候，人们不会考虑到明天的事，而会集中精力解决燃眉之急，并试图制衡眼前的局面。只有等眼前的危机过去了，才会考虑接下来的事。

可适性的领导并不是“调转方向”，而是希求“险中求生”

问：当企业陷入失败的境况时，领导者应当采取怎样的措施去应对呢？能够用戈恩先生您实际的例子来为我们做一些讲解吗？

失败发生的时候，领导者应当如何考虑眼前的状况呢？的确，如何转变并重组身陷困境的企业，是领导者分内之事。但是，可适性的领导者会将失败的情形看作为“必须引起变革的征兆”。这里并不是指重新部署组织，而是进行变革。这是直面失败时领导者应当采取的行动。

日产汽车到目前为止，在面临险境时分别采取过“调转方向”和“险中求生”两种战略。

“调转方向”战略是日产汽车在20世纪经常使用的组织重组策略。具体地说，就是通过削减资本、裁减员工，进而阻止状况恶化的缩小战略。

如果执行了调整方向的战略措施，那么企业可能在此之后由衰转盛，实现重组。但是，这种效果最多只能维持两到三年。在此之后，调整的势头将会减弱，并可能再次遇到生产停滞或恶化的情况。

对此，日产汽车在1999年以后将“复苏计划”作为针对业绩恶化的策略。

复苏战略，在3年、5年、10年、15年，甚至能更长久地使企业保持持续成长，实际业绩不断上升。我们日产汽车从1999年开始“复苏计划”，彻底实现了业绩“V”字形恢复的效果。同时，现在的我们依然在不断见证着复苏战略带来的成长。也就是说，复苏战略的效果至今仍然没有减退。

当然企业在成长的过程中肯定会不断遭遇不可避免的陷阱，以及始料未及的事件。

就汽车业界来说，稍微回顾一下2008年之后的发展便可看出，由于2008年以后世界性经济下滑以及2011年发生的东日本大地震，每一个汽车生产商都毫无例外地迎来了发展的艰难时期。

然而，直面如此意料不及的事件却并不是问题的本质。问题的本质在于如何从这样的状况中尽早地脱离并引发变革。并且，落实到实际行动中的能力才是真正的可适性。

组织面临艰难局面的时候正需要不断发挥领导能力

问：领导者应该在什么时候发挥能力？

如果自身的组织一切运营正常，一帆风顺，那么领导者的能力也不会被人重视。甚至这种组织可能本身就不需要什么领导。

也就是说，只有组织发展并不十分顺利，并遭遇问题阻碍时，才能凸显领导能力的作用。所以，领导者需要从矛盾的事物以及打破常规的思维中崭露头角。让大家做并不希望去做的事，不仅仅是领导能力的体现，也是经营之道。

假设你乘坐一班飞机，只要飞行没有出现任何问题，你一般是不会意识到“到底是谁正在操纵着飞机的平衡杆”。反过来，一旦飞行中遇到随时会坠毁的紧急情况时，你肯定会下意识地担心：“目前开飞机的是一群什么样的人？机长应该会凭借优秀的能力度过这一劫吧。”

总而言之，领导就是在问题发生之际被大家重视的存在。也就是说，领导也正是在直面问题的时候，就像机长一般的存在，必须发挥最优秀的能力进而化险为夷。

4 危机状况成就领导者

危机状况成就领导者。必须为此做好事先准备

问：戈恩先生您在演讲中说过：“领导能力不在于人，而是体现在状况之中。”那么，这种诞生领导者的情况是怎样的呢？同时我们应当如何把握这种情况呢？

首先可以明确的是，成就领导能力以及领导者本身的不是“人”，而是“状况”。也就是说，危机状况具备了成就领导者的所有条件。

为什么危机状况可以成就领导者呢？因为人们在危机中会把目光投向领导者本人。准确地说，在危机来临之前，没有人会关心领导者是谁。或者说谁当领导者都无所谓。

就如前面描述的那样，在坐飞机的时候，通常并没有乘客会在意飞行员是谁。然而，飞行中机身如果突然摇摇欲坠，大家都会祈祷飞行人员自身水平的优异性。也就是说，人们通过遭遇危险的情况，才会把目光转移到飞行员身上。领导也就是在这种情况下应运而生的。

相同的事情也可以用于说明企业或者商业的行为。即使自己感

觉不到危机即将来临，危机也会如期而至。也可以说这是自己成为领导者的绝佳机会。

我们无法预知危机会在什么时候降临。然而重要的是，即使危机到来，我们也需要为了把握住成为领导的机遇，不断地做好事先准备工作。比如，提高交际水平，锻炼客观分析事物的能力。同时尽可能减少自身的弱点。能够成为领导者的人，会在事前做好各种准备，一旦危机出现，便可以抓住机会。

然而大多数的人，根本没有为此做一点点准备。如果是这样，即使危机到来，自己不仅不能成为领导，也没有丝毫成长的可能性。危机中被选为领导者的人，显然是为了这一时机做足了准备的人。

我们没有必要自己选择危机到来的时间节点。而是危机会自发地选择我们。如果我们做足了准备，别人会主动找上门来，希望自己为他们解决现有的问题。好的机会总会到来的。

必须接受并将失败改造为全新的动力

问：您能否说一下自己从“失败”中学习或意识到的东西？

所谓失败，就像墙上面写的东西，何时何地都会出现。我们必须容忍失败的存在，并从失败中不断转化出新的力量。

无论是谁，遭遇失败的时候都会觉得：“真不希望它出现，真晦气。”但是，就如何来看待眼前的失败这一点，可以将人分为两类。一类人会认为：“确实失败让人觉得气馁，但是我们仍然需要从失败中学习防止再犯类似问题的方法。”还有一类人觉得：“无视问题的存在吧。别承担责任就行。就这样忘得干干净净最好。”

大家觉得如何呢？实际上，很多人都会选择后者的思考方式。然而，如果按这样的想法，问题只会越积越多。不仅当自己为了所做的失败的事例说谎或是欺骗的事情败露，会让自己惹一身麻烦，同时即使没有人察觉，自己在和别人交流的过程中也会充满着愧疚和自责，并因此时常碰壁。而与之相反，将失败当作“家常便饭”去接纳，遭遇失败不逃避，努力克服的人肯定能够获得成长的机会。

所谓失败，就意味着自己“必须作出改变”。为什么会失败？从这次失败中我能学习到什么？为了今后反败为胜我需要做些什么？追求这些问题的答案，将是成为优秀管理者的捷径。

我自己也时常感到“这样做实在是太失败了”。在这时，我会探究问题的原因，想着“因为哪一步错了所以才导致了现在的失败”“该怎么做才能引导成功呢”，并不断谋求变化的机会，为今后不再发生类似的失败承担现在的结果。

如何处理失败是至关重要的。我们必须以自身的诚意和信念，与失败不断做对接。同时，所谓必须正视失败的存在，不仅仅是指自身的失败，而且对于周围人导致的失败结果也同样如此。和你自己一旦遇到失败就遮遮掩掩一样，别人也具有同样的想法。然而，在公司这种组织中，如果不立即处理已经产生了的失败，那么问题就没办法解决。

所以，我希望向正在职场中的人们呼吁："当你失败的时候，请坦率地承认自己的失败。"当然，我也知道，现实情况之下，是很难形成这种文化和环境的。但是，公司能否培养这种氛围，是直接关系到一个公司是强是弱的重要分水岭。

汽车生产商必须开发所有的技术

问：现在汽车业界都在面对关于能源的问题。日产·雷诺联盟打算采取怎样的应对措施呢？

汽车业界的各大生产商正在竞相开发各种技术。只是动力方面，就有燃油机、柴油机、EV或者燃料电池的马达、混合动力系统等等。

汽车生产商必须不断地开发出这些品种各异的技术。因为我们无法准确地说出将来哪一种技术会引导主流市场。在与能源相关和减轻环境负担的技术方面，有太多不确定性因素。

所有的技术都必须强势介入。其中，可持续的交通手段将是我们追求的最大目标。

▧ 轻松一刻

可适性是领导能力的根本

问："GRLP（逆风之下的变革领导能力培养讲座）"非常重视培养具备"可适性（柔韧）精神"的领导者。您是怎么理解这项计划的？

有许多人，来自不同的企业，都参加了"逆风之下的变革领导能力培养讲座"。因为许多人都希望通过参考其他企业和人物等的经验，认真地考虑一下管理和领导能力方面的问题。

同时，参加这次讲座的许多人，都为我们提供了肯定的意见和想法。大家都希望自己能够成长为更具备决策能力的人，或者成为能够感知潜伏危机的人。从这一点来看，大家一定能通过这次讲座获益匪浅。因为我觉得，听讲的人通过知晓顶级管理者们实际工作的经验，将自己担心的问题与演讲人或者其他听讲人交换意见，最终获得问题的解决策略，或者相应的基础成果的这一过程是十分重要的。

另外我觉得这个讲座最重要的一点，是可以从"可适性"这个角度重新审视领导能力的存在方式。可适性，如同领导能力的基本，是十分重要的。即使在首次挑战中并没有大获全胜，也可以采用别的办法继续挑战。时常带着高目标和问题解决的能力，即使再有障碍也能够不断克服，以至于最终实现目标。谁都会直面这样的问题。也就是说，人生虽然艰难，但我们需要思考如何能够不断地翻越这些困难。

学术解说

可适性领导能力

| 太田正孝、池上重辅

领导能力和领导者的关系

本书对于戈恩的全球化领导水平的阐释，采用的是一边通过不断援引已有的领导能力的研究成果，一边像读者们解说如何进化为有个性的领导者的思维模式。也许大家可以知晓，在以上的讨论中，没有任何一条理论或者概念，可以对戈恩的领导能力一言以蔽之。研究学者通常带着专心研究的使命感，将领导能力作为一般性的理论展开讨论。但是，另一方面，因为领导能力被具体化的特定领导者，往往是带有其特有的文化和经验，并极富个性的人，所以关于领导能力，并没有适用于所有领导者的绝对理论。不只是戈恩，其他的像杰克・韦尔奇或者史蒂芬・乔布斯等特定的全球化领导者，在全面地去描述他们普遍的全球化领导能力时，总会有同样的限制。领导水平和领导者虽然说是表里一致的关系，但却是不同的概念范围。

因此，我想大家也能意识到，戈恩在前面的访谈中也指出，领导能力不在人自身（戈恩自身）当中，而是体现在需要领导能力的环境（place or situation）中。或者可以说，领导能力只存在于领导者和拥护者相互交流的时候。人们所日积月累的，不过是促成领导能力的众多知识和技能。这些知识和技能如果没有通过像过滤网一样的具体经验，便只能像碎片化的单词，没法成为拼装成组的句子。我们在学习外语的时候，为了应付考试等，有对着单词表死记硬背的情况，但这样习得的单词并不能真正在实际使用中发挥语言作为高度社会化工具的沟通作用。领导能力也与此类似。特别是，领导能力通过语言的沟通作用大放异彩这一点，能看出这其中的动力学是相互联通的。

另一方面，脱离具体的领导者，空谈领导能力的概念，犹如画饼充饥。这就跟医学的发展与治疗疾病的医生和患者的关系极其类似。如果没有过多地对患者进行手术或其他治疗，那么医学的知识体系就无法进步。另外，脱离医学知识，医生就无法给患者进行安全有效的治疗。因此，所谓领导能力，正如本章中介绍的一样，不仅仅是和大家息息相关的社会现象，而且倘若有意志和能力，谁都有机会掌握学习。因为通过将日复一日的失败和成功的经验谈，和领导水平的科学理论系统合二为一的学习方法，可以让自身在领导者成长的道路上走得更加稳健。请大家回想一下，戈恩说过，他也是从领导能力的学习中不断成长，并在成长中逐渐向更高水准的实践挑战，进而充分地掌握属于自己的一套领导能力。他也并非天生就是CEO。实际上不仅没有天生的CEO，而且也没有成为全球化领导者的捷径。

希求可适性的全球化大环境

对于我们应该学什么，通常，以我们周遭的人或事（比如，戈恩——这位优秀领导者的行为方式，或者被组织化的日产复苏计划的开展等）为主的研究对象越来越多。这样一来，在学习日本国内以及全球化的领导能力理论时，必然会导致研究的条件发生巨变。如果仅以国内的优秀的领导者作为实例加以主要的分析，那么，因为只受国内动力学内容的影响，所以在学习的过程中自然会带来一些瓶颈。

一般地，对于日本人来说，自然会觉得自己无法像戈恩这些商业领袖们一样，可以自如地在全球化舞台中崭露头角。但真相真的如此吗？如果只以国内的领导者作为参照的话，也许这就是真相的全部。不过，对于全球化时代背景下应运而生的这些商业领袖们，不仅需要有从全球化大环境中拼命学习的欲望，并且最终能够发挥他们自身或实际经历的作用。如果以这种思维模式，沉着冷静地提高自身领导能力的话，即使是日本人，也可以成为全球化领导者。

即使将曾经在杂志中定期刊登的信长模式、秀吉模式以及家康模式运用到现在全球化的大背景下，也尤显不足。因为他们三人并没有登上全球化的市场，而且时代背景也大为不同。哈佛商学院的院长尼廷·罗利亚等人不断提出具有时代精神的领导能力（Zeitgeist Leadership），本章中也指出领导能力的表现形式需要按照时代的需求变换相应的意味。福特的创始人——亨利·福特表示，因为他对汽车十分精通，所以工厂内的人们并不需要动任何脑筋，只要对他的话言听计从即可。然而，这样的说法和 GLOBE 的六项全球化领导能力类型相比，显然过于简单粗暴。这可以说是权力悬殊的时代下领导能力的一种体现。为了理解和学习 21 世纪的全球化领导能力，大家有必要将和全球化、多样性、变革、指导等透射着当下时代精神的论点相融合的全球化领导者的实例，和打破时空的一般领导能力理论相结合，最终积累成属于自己的一套领导能力理论体系。

可适性领导能力的含义

即使这样，如此草草作出结论，可能大家都会感觉有些消化不良，所以在终结本章之际，通过实际模型，使大家更能有效地理解戈恩的领导能力。这就是可适性领导能力（Resilient Leadership）。

本书原本是基于日产财团和日产汽车同早稻田大学以及宾夕法尼亚大学（奥斯通分校）、IMD 日美欧的顶级商学院共同开发的 GRLP（Global Resilient Leadership Program）的讲义，小组讨论，和戈恩、志贺的报告写成的。所以在书的最后，以可适性领导能力的视角收束全篇，具有合理性。

不过，大家在刚听到可适性领导能力时会联想到什么呢？一般来说，和可适应这一名词搭配的概念比较多，然而近年来，以达沃斯会议为发端，越来越多的国际重要会议频繁使用可适性这个词，也足见这个词折射出的时代精神。日语中一般取而代之的翻译会是“恢复力”“还原力”“反弹力”等这些词汇，然而GRLP中却用“强劲”而“柔软”加以解释说明。可以说是两种乍看之下十分矛盾的动力学，却能够同时驾驭的能力。

更具体一点地说，孟宗竹可能是其意象之一。竹子在如今的中国被广泛地运用在高层建筑工地的脚手架上。不仅强劲有力，并且生命力旺盛。同时，即使遭受突然的横风，也可以通过适度地摇摆加以缓冲。柳树虽然也可以抵御微风，但是纤弱的蒲柳之姿怎耐台风的侵袭。因为柳树虽然柔弱，但缺乏强劲有力的一面。志贺在采访中说：“戈恩在遭遇挑战时，总会不断分泌肾上腺素，可以利用强大的动力将其转变为机遇”。这种心态正是可适性的特征之一。将GRLP用日语解释为“逆风之下的变革领导能力培养讲座”，也是这个原因。

然而可适性却无法用日语的“还原力”以及“孟宗竹”的意象一言以蔽之，它同时还包含了另一个重要的特征，那就是，正如“强劲”和“柔软”之间相互对立一般，即使将乍看之下自相矛盾的动力学组织到一个系统中，仍然不会动摇的能力。同时，虽然并没有绝对唯一的答案可以解释戈恩的领导能力，但这却是最容易让人信服的理解模型之一（表 7-1）。请大家回想一下，志贺曾说："戈恩最厉害，也是自己无论如何都无法模仿的一点，就是永不动摇这一件事。"

表 7-1　可适性理解模型

	自　身	自己的团队	自己的公司
强　劲	自我认知（自知）、 明确的价值观、 内在的强大	团队的规范和精神、 明确的人物以及途径	明确的战略、 商业模范、 价值观
柔　软	开放的思想、 读取各种状况、 超越文化的协作意识	超越文化的相互理解促进	看破周遭环境的能力、 改革者的精神

可适性领导能力和"Both And"战略

戈恩看起来经常需要同时处理两种或两种以上自相矛盾的观点或问题。最具代表性的便是"Bold and Thoughtful"。翻译为中文，便是："大胆行事，沉着冷静"。实际上，从旁观者的角度来看，戈恩总会十分果断地执行极其大胆的意志决定。但与此同时，在作出决定之前，戈恩已经在十分冷静的情况下，彻底分析并评价了相应的数据和数字。在日产复苏计划实施之际，他不断地动用领导能力的各个方面，深谋远虑地推动了 CFT 事业，而且，在他意志决定的过程中，仍然是"Bold and Thoughtful"横贯始终。在深思熟虑决定进军中国市场之后，顶着众人反对的声浪，他毅然决然地做出与东风公司合并的举动。大家都认为，戈恩是站在全球化网络体系的高度，动用了他高精准度的信息和知识，才做出了这样的决定。

2014 年在印度市场实施的 DATSUN 品牌的复活计划以及同品牌小型汽车“GO”的投入，实际都是执行了 2001 年，也就是从执行日产复苏计划的时候就开始的构想。2001 年，当时的日本商业界，很少会有领导者想真正地加入印度市场，但是戈恩打破了日本国内的束缚，不断地从外部获取信息，并吸收各种知识，所以这项事业对于他而言是理应大力发展的。上述的事例也体现了，为了在行动中表现得更像一个全球化领导者，我们必须将活动的竞争范围扩展到全球化的高度。

戈恩的可适性领导能力还有其他的例子。比如，我们曾说过，一边给出短期的结果，一边持有中长期发展的观点，两手抓的必要性。在企业的经营中，权衡短期和中长期事业，就是在已有的项目上叠加新拓展的项目，并使它们发展有序。戈恩在复苏计划当中提出向中国市场进军，同时，在将既有的以化石燃料作为动力的汽车承担市场主流的环境下，作出尽快发展 EV 项目的决定。在这样的时间轴中同时掌管两件不同种类的工作，绝非易事。因为已有的和新进的项目在组织学习的层面是完全不一样的类型。瞄准可持续成长的组织中，必须同时做好对已有的知识改良重组（exploitation）的组织学习，以及为了扩展知识面不断探索新知识（exploration）的组织学习，这两方面的工作。

如此，戈恩将看似自相矛盾的两件事，以同一个较复杂的体系逐步完成，这也被称之为：“两面兼得的经营（ambidextrous organization）”。然而，管理本身就需要使用各种方法有序地开展自相矛盾的事物，所以戈恩也会义不容辞地开展这些计划。虽然说两面兼得的经营在范围狭窄、规模微小的情况下并不是特别困难。但问题在于我们如何在全球化的高度实际执行。

作为20世纪和21世纪的全球化战略典范转移，从“Either Or”战略转向“Both And”战略便是其中之一。也就是说，不再是A或B中二者择一，而是将A和B处理为一体的组织能力。德国大众（VW）组织从布加迪、宾利、兰博基尼等高端品牌，再到保时捷、奥迪，最终向低端品牌的VW（产品品牌）布局“Both And”战略。菲亚特组织也是，从法拉利、玛莎拉蒂这些高端品牌，再到蓝旗亚、阿尔法·罗密欧，最终到作为产品品牌的低端输出菲亚特汽车在内，实行统一的管理。如果不采取这种策略，结果将无法满足规模经济和范围经济，乃至更加重要的相乘效应的经济体量。

这样一来，我们可以清楚地认识到，全球化领导能力是将两面兼得的经营推广至全球化高度的能力作为前提的。我们也可以得到这样的结论：其核心就是全球化可适性领导能力。

注：太田、池上引用文献的 Reference 参照：http：//www.nikkeibook. com/ book _ detail/ 32130/ 。

致　谢

本次成书完全基于公益财团法人日产集团主办的“GRLP（逆风之下的变革领导能力培养讲座）”。该财团理事长志贺俊之先生对本次讲座的主办以及本书的监督和修正给予了许多宝贵的意见与支持。同时，财团的常务理事原田宏昭先生和前常务理事曾根公毅先生分别尽心于本书从企划到完成等的各项事宜。总之，非常感谢以上三位的热忱付出。

另外，也由衷感谢本书的核心人物卡洛斯·戈恩先生。本书的完成归功于戈恩先生热情洋溢地将领导能力的本质传递给听讲者们的精神。同时对于他能够在忙里抽闲接受本书编者的采访，我们也深表谢意。

本次讲座在实际运用方面受到早稻田大学学术顾问小柳惠子女士以及祝井麻吏先生的鼎力相助。并且，在制作方面，作家漆原次郎先生以及日本经济新闻出版社的纲野一宪先生以严谨而不失热情的工作态度给予了我们莫大的帮助。对于以上协力相助的各位，我们再次表示诚挚的感谢。与此同时，书中省去了人物的敬称。

本书的核心内容“逆风之下的变革领导能力培养讲座”在2017年以后一直持续开讲。如果您对此感兴趣，可以向日产财团以及早稻田学术顾问进行咨询。

最后，我们也由衷地希望，通过本书以及本次讲座，可以使日本产生更多的全球化领导者。

2017年2月

编者　太田正孝

池上重辅